FILMVERRÜCKTER UND SERIENJUNKIE

STARS, FILME UND SERIEN

BoD™
BOOKS on DEMAND

Für alle, die meine Kino- und Filmleidenschaft stets wohlwollend toleriert haben...:-)

MARKUS HIRSCH

FILMVERRÜCKTER UND SERIENJUNKIE

STARS, FILME UND SERIEN

Bibliografische Information der Deutschen Nationalbibliothek:
Die Deutsche Nationalbibliothek verzeichnet diese
Publikation in der Deutschen Nationalbibliografie; de-
taillierte bibliografische Daten sind im Internet über
http://dnb.dnb.de abrufbar.

Umschlaggestaltung: Foto von *Claudia Hirsch*

*Herstellung und Verlag: BoD – Books on Demand,
Norderstedt*

*ISBN: 978-3-**7528-6664-3***

Inhalt

Vorwort 7

Miami Vice (2006): Der Fall Colin Farrell – Zuerst
Sonny Crockett, dann ab in die Entzugsklinik... 9

Sleepy Hollow (1999) oder: „Köpfe werden rollen" –
Alles andere als ein kopfloses Meisterwerk... 19

Sherlock (Episode 1.1) – *A Study in Pink* (2010) oder:
Warum die britische TV-Serie *Sherlock* eine der
besten Mini-Serien aller Zeiten ist... 37

Roman Polanskis *Chinatown* (1974) - Der angeblich
„*best film of all time*" 65

Alfred Hitchcocks *Psycho* (1960): Wenn ein Film zum
kulturellen Phänomen wird... 71

Francis Ford Coppolas *Apocalypse Now Redux* (1979; 2001)
oder: Wann zum Teufel
kommt endlich Marlon Brando? 79

Drunken Master 2 (1994) oder: Warum Jackie Chan
einer der größten Filmstars aller Zeiten ist...   86

David Lynchs *Twin Peaks: A Limited Event Series* (2017) –
Ein *Lost Highway* oder doch eine *Straight Story*?   104

Interview with the Vampire: The Vampire Chronicles (1994)
oder: Warum Tom Cruises „Lestat" eines der größten
Film-Monster der 90er war...   121

Oliver Stones *Natural Born Killers* (1994) oder: Warum
Serienkillerfilme heutzutage
aus der Mode gekommen sind...   144

Lethal Weapon (1987) oder: Warum Mel Gibson eine der
tödlichsten Waffen der Filmgeschichte ist...   182

Sylvester Stallone in *Cop Land* (1997) oder: Wenn
Filmstars ihr Image ändern wollen...   209

Cast Away (2000) oder: Warum Tom Hanks der
gekrönte König von Hollywood ist...   247

Vorwort

„Wie albern und verblödet uns der Gedanke, eine Königin zu haben, auch vorkommen mag..."

Haben Sie das Zitat erkannt?

Genau!

Nun, obwohl ich mich privat zu einhundert Prozent mit diesen wahrlich antiroyalen Worten identifizieren kann, die der wunderbare Leslie Nielsen in der wunderbaren und von David Zucker inszenierten Komödie *The Naked Gun: From the Files of Police Squad!* (1988; Die nackte Kanone), einer meiner Lieblingskomödien aller Zeiten, spricht, so bin ich doch nicht umhingekommen, Tom Hanks in diesem Essay-Band als „gekrönten *König* von Hollywood" zu bezeichnen und der Frage nachzugehen, warum er dieser wohl ist.

Aber das ist nicht die einzige „bohrende" Frage gewesen, die sich ein „Filmverrückter und Serienjunkie", der ich im Grunde schon seit Kindheitstagen (meine Eltern würden Ihnen das sicherlich ohne Umschweife jederzeit bestätigen :-)) bin, irgendwann einmal stellt.

Warum ist die britische TV-Serie *Sherlock* jenes Meisterwerk, das sie nun einmal ist?

Warum ist Jackie Chan definitiv einer der größten Filmstars aller Zeiten?

Ist David Lynchs 2017er-Neuauflage von *Twin Peaks* eher ein wirrer „Lost Highway" oder doch eine schlüssige „Straight Story" geworden?

Warum muss man Mel Gibson als eine der „tödlichsten Waffen" der Filmgeschichte bezeichnen?

Warum ist Tom Cruises Interpretation des Vampirs Lestat in Neil Jordans Meisterwerk *Interview mit einem Vampir* so abgründig und eindrucksvoll?

Diesen und anderen Fragen sowie Phänomenen, die Filmwelt und einiger ihrer, aus meiner Sicht, interessantesten und aufregendsten Exponenten betreffend, habe ich versucht, in den letzten zweieinhalb Jahren nachzuspüren.

Mein Dank, und das sollte eben auch in der diesem Buch vorangestellten Widmung zum Ausdruck gebracht werden, gilt vor allem den Menschen, die meine Kino- und Filmleidenschaft irgendwie immer wohlwollend *toleriert* und angesichts der stets leicht monströsen Ausmaße meiner diversen VHS- und DVD-Sammlungen niemals die Nerven verloren haben :-), also meinen Eltern und speziell meiner Frau Claudia.

M. H.

Miami Vice (2006; Regie: Michael Mann): *Der Fall Colin Farrell – Zuerst Sonny Crockett, dann ab in die Entzugsklinik...*

Aus gegebenem Anlass, nämlich dem DVD- und Blu-ray-Release der *2. Staffel* der Fernsehserie *True Detective*, habe ich begonnen mich wieder mit Colin Farrell auseinander-zusetzen, den ich schon in *Alexander* (2004; Regie: Oliver Stone) oder in *In Bruges* (2008; Brügge sehen...und ster-ben?; Regie: Martin McDonagh) ganz phantastisch fand, der aber in den letzten Jahren in Hollywood nicht gerade als Blockbuster-Garant galt. Sowohl das von Len Wise-man inszenierte Remake eines *Schwarzenegger-Über-Klassikers* aus 1990, nämlich *Total Recall* (1990; Die to-tale Erinnerung – Total Recall; Regie: Paul Ver-hoeven), ging 2012 mit Farrell am Box-Office baden, und das meiner Meinung nach völlig zu Unrecht, denn der Film ist wirklich „gnadenlos unterhaltsam", als auch *Winter's Tale* (2014; Regie: Akiva Goldsman) mit Co-Star Russel Crowe. Was den zweitgenannten Film betrifft, so enthalte ich mich einer Beurteilung, da ich ihn schlichtweg nicht gesehen habe - allerdings vermute ich da „gnadenlosen Kit-schalarm".

Wie auch immer, 2006 war Farrell in Hollywood noch eine heiße Nummer und der Regisseur Michael Mann drehte mit Farrell und Jamie Foxx tatsächlich ein Remake der TV-Serien-Legende *Miami Vice* (1984-1990), die Michael Mann seinerzeit ja selbst als sogenannter *Executive Producer* betreut hatte und somit maßgeblich für den bahnbrechenden visuellen Stil der Serie verantwortlich zeichnete, der die von Anthony Yerkovich kreierten Charaktere, wie James „Sonny" Crockett (Don Johnson), Ricardo „Rico" Tubbs (Philip Michael Thomas), Stanley Switek (Michael Talbott), Larry Zito (John Diehl) sowie Gina Calabrese (Saundra Santiago) und Trudy Joplin (Olivia Brown), zu absoluten Kultfiguren werden ließ. Auf keinen Fall vergessen darf man aber auch Edward James „*The Voice*" Olmos, der Martin Castillo spielt, den Chef der *Vice*-Einheit. Dessen charismatische englische Originalstimme, von der man sich z. B. auch in der *6. Staffel* der TV-Serie *Dexter* (2011) noch ganz gut überzeugen kann, darf man sich nicht entgehen lassen!

Vor allem aber natürlich Don Johnson, der damals noch „uneingeschränkt phantastisch" aussah, wurde durch die Rolle des „Sonny" Crockett weltberühmt und zu einer wahren *Stil-Ikone*, vor allem, was die damalige Herren-mode betraf. Die bunten *Miami-Vice*-Outfits, inklusive der Ray Ban-Sonnenbrillen, waren Kult und allgegenwärtig.

Trotz des gnadenlosen „80s-Touch", der der Serie anhaftet, ist sie auch heute noch *überraschenderweise* gut zu konsu-mieren, ohne dass einem etwas „besonders aufstößt" oder etwas „unfreiwillig komisch daherkommt", wie das bei-spielsweise dann *doch* bei dem TV-Klassiker *Magnum, P.I.* (1980-1988; Magnum) oder vor allem bei Serien wie *The A-Team* (1983-1987; Das A-Team) der Fall ist.

Aber: Wenn man die 5 Staffeln *Miami Vice* konsumiert, sollte man sich *unbedingt* eine englischsprachige Gesamt-ausgabe besorgen, denn nur in einer solchen sind sämtliche Folgen *ungeschnitten(!)* zu sehen. Die deutschsprachigen Ausgaben sind fast generell um ein paar Minuten gekürzt, was jetzt in den allermeisten Fällen, rein inhaltlich gese-hen, vielleicht nicht „die Welt" ausmacht, vor allem aber in der letzten Staffel, und da ganz speziell beim Serienfi-nale, fast schon an Entstellung grenzt, da vieles unausge-goren, seltsam und widersinnig wirkt, was aber in der deut-schen Version klar an der absurden „Herumschneiderei" liegt.

Ganz abgesehen davon, kann ich *persönlich* geschnittene Versionen von Serien oder Filmen ohnehin nicht leiden - für den „Komplettisten" ein wahrer Albtraum :-).

Nun, Michael Mann, der Regisseur des 2006er-*Miami Vice*-Films, kann getrost als *einer der besten Hollywoodregisseure* bezeichnet werden, denn wer Filme wie *Heat* (1995) mit Robert De Niro und Al Pacino, *Collateral* (2004) mit Tom Cruise, *The Last of the Mohicans* (1992; Der letzte Mohikaner) mit Daniel Day Lewis, *Public Enemies* (2009) mit Johnny Depp oder *The Insider* (1999; Insider) mit Pacino und Russel Crowe inszeniert hat, dem kann man wohl *schwerlich* unterstellen „Mist" zu drehen. Sogar den legendären *Hannibal „ The Cannibal" Lecter* hat Michael Mann als Erster auf die Leinwand gebracht, mit seiner Verfilmung des 1981 erschienenen Thomas Harris-Romans *Red Dragon* (dt. Titel: Roter Drache). Das meiner Meinung nach bahnbrechende und visuell wie inhaltlich aufregende Werk aus dem Jahre 1986 trug aber damals den Titel *Manhunter* (als deutscher Titel wurde für den Verleih „*Blutmond*" gewählt) und die Rolle des Ermittlers Will Graham spielte William Petersen, der viel später bekanntlich in der Fernsehwelt *megaerfolgreich* zu Gil Grissom, dem „*Mr. CSI: Vegas*", mutierte. Wie auch immer: Der

Film *Manhunter* hatte im ganzen Action-Wirrwarr der 80er keinerlei Chance und floppte leider total, obwohl das Werk weit subtiler daherkommt als etwa der „ewige Genie-streich" von Jonathan Demme *The Silence of the Lambs* (1991; Das Schweigen der Lämmer).

Aber zurück zu dem *Miami Vice*-Film von 2006, und dabei eines gleich vorweg: Wer ein „Retro-Erlebnis" erwartet hatte, das den Geist der Serie atmet oder wieder auf-nimmt, wurde eher enttäuscht, denn Michael Mann hat so *ziemlich alles* vermieden, was einen „Retro-Touch" gehabt und die alte Serie irgendwie kopiert hätte.

Jan Hammers legendäres „*Miami Vice Theme*", das viele Zuseher, einschließlich mich selbst, seinerzeit gleich in eine leicht euphorische Stimmung und in Vorfreude auf die kommende Folge versetzt hat, kann man sich sozusagen abschminken und es kommt nicht mal in einer „modernen Interpretation" vor (die *Mission: Impossible*-Reihe mit Cruise ist da, was die Filmmusik betrifft, weit gnädiger :-)). Und Michael Mann geht sogar noch viel weiter, sein Film hat *gar keinen Vorspann*, sondern kommt gleich zur Sache, mit so etwas wie einer „Kampf-Szene" in einem Club, die zugegeben etwas an *Collateral* erinnert. Musika-lisch haben im Film eher *Moby* mit „Anthem" oder „One of These Mornings" sowie *Mogwai* mit „Auto Rock" oder *Nonpoint* mit dem Phil Collins-Cover „In the Air Tonight" das Sagen, eine Tatsache, die dem Ganzen natürlich Modernität verleiht und die ausgefeilten, teilweise *atemberaubenden* Bilder auf eindrucksvolle Weise unterstützt.

Wie schon bei der Serie, gilt auch für den Film möglicherweise die Formel „*Style over Substance*", trotzdem wurde der *Miami Vice*-Film immer wieder, in diversen Auflistungen, zu den *besten 10 Actionfilmen der 2000er-Jahre* gewählt.

Die Geschichte ist kurz erzählt und eigentlich unspektakulär: Crockett und Tubbs heften sich, nachdem sie auf Grund eines Tipps eine beträchtliche Menge Drogen beschlagnahmen und dies geschickt wie einen Raub aussehen lassen, unter ihren Decknamen „Sonny Burnett" und „Rico Cooper" und mit einem offiziellen Auftrag des FBIs (in dem, wie könnte es auch anders sein, wieder mal eine undichte Stelle sitzt), an die Fersen eines von Luis Tosar, in seinen wenigen Auftritten, recht *unheimlich* gespielten kolumbianischen Drogenbarons namens Montoya. Dessen „Mann fürs Grobe", Yero (John Ortiz), traut jedoch den beiden neuen Geschäftspartnern seines Bosses, denen recht schnell Ladungen mit in die Vereinigten Staaten zu schmuggelnden Drogen anvertraut werden, nicht über den Weg; vor allem ist ihm die sexuelle Beziehung zwischen „Burnett" und Isabella, die Montoya „in geschäftlichen Dingen" berät, ein Dorn im Auge. Isabella wird im Übrigen von *Chinas weiblichem Superstar schlechthin* gespielt: Gong Li.

Letztendlich kulminiert am Ende alles in einer ausgedehnten Schießerei am Hafen, bei der beide Seiten die Masken fallen lassen und die von Michael Mann gewohnt großartig inszeniert ist, jedoch, wohl aus guten Gründen, nicht jene epische Breite der *legendären Dauer-Schießerei* aus *Heat* besitzt. Crockett rettet, nachdem Yero durch Tubbs zu Tode gekommen ist, Isabella, indem er die von der verblüffenden Tatsache, nämlich dass „Burnett" in Wahrheit ein Cop ist, überraschte und wütende Frau aus der Szenerie schleust und sie durch einen Freund mit einem Boot nach Havanna bringen lässt.

Die *Abschiedsszene* allein ist sehenswert, denn es wird kaum etwas gesprochen, sondern die Blicke von Farrell, der am Ufer steht, und Gong Li, die sich auf dem Boot befindet, sagen in punkto „Abschied für immer" mehr als jeder Dialog leisten könnte!

Überhaupt lebt der Film *nicht* von den Dialogen, sondern von der *Atmosphäre*, den satten Farben, den großartigen Flugaufnahmen etwa, bei denen selbst die Wolken wie Kunstwerke erscheinen, der exzellenten Musik, den Nachtaufnahmen von Miami, die der Stadt etwas Monströses und Unheimliches verleihen, was sie auch zweifellos besitzt.

„*Style over Substance*" stört hier nicht im Geringsten, denn die Story ist zweitrangig und in dem Sinn auch nicht originell.

Gedreht wurde, auch außerhalb Miamis, noch dazu meist an Originalschauplätzen, wie etwa in Kolumbien etc., was dem Ganzen eine *unvergleichlich realistische Note* verleiht.

Eine *offenkundige Reminiszenz* an die Originalserie, genauer gesagt, an *Staffel 1* der Serie, ist allerdings die Gefangennahme von Trudy (gespielt von Naomie Harris - mittlerweile als neue „Miss Moneypenny" an der Seite von 007 Daniel Craig einem sehr breiten Publikum bekannt), die, auf Yeros Anweisung hin, in die brutalen Hände einer „arischen Bande" gefallen ist, die ebenfalls zu Montoyas Netzwerk in Miami gehört. Ihre Kollegen, Crockett, Tubbs (mit dem Trudy im Film eine intime Beziehung hat), Zito (Justin Theroux), Calabrese (Elisabeth Rodriguez) und Switek (Domenick Lombardazzi) befreien sie, unter der Leitung von Lieutenant Castillo (Barry Shabatta Henley), aus ihrem Wohnwagenverlies. Wie damals in der Serie ist die gefesselte Trudy mit einer Sprengstofffalle versehen, die aber, nachdem die „Bad Guys" fast allesamt ausgeschaltet sind, sofort entfernt werden kann. Kurz darauf wird Trudy Joplin aber doch noch schwer verletzt, nämlich durch eine zusätzliche, am Wohnwagen angebrachte Sprengfalle, die von Yero ferngezündet wird. Dramaturgisch für meinen Geschmack fast ein wenig zu viel des Guten! Aber: Sie überlebt natürlich!

Kurz und gut, es wird Zeit ein Resümee zu ziehen: Ein toller Action-Film mit großartigen Hauptdarstellern, mit viel Stil und Atmosphäre sowie realistischen Gewaltszenen, die wahrlich nichts beschönigen, speziell, was die verheerenden Auswirkungen von Schussverletzungen betrifft, die von großkalibrigen Waffen stammen.

Mein persönlicher „Magic-Moment" des Films: Colin Farrell und Gong Li rasen mit einem Speed-Boot über ein fast unwirklich blaues Meer und unter den Klängen von Mobys „One of These Mornings" in Richtung Havanna, einfach nur „um dort einen Drink zu nehmen".

Dieser Film ist eben großartig und uneingeschränkt empfehlenswert!

Ach ja, noch ein kleines, pikantes, fast traurig ironisches Detail am Rande: Colin Farrell, der ja einen Detective spielt, der Drogenhändlern hinterherjagt, musste sich unmittelbar nach den Dreharbeiten zu *Miami Vice* selbst in eine Entzugsklinik einweisen lassen. Der Grund: Jahrelange schwere Alkohol- und Medikamentenabhängigkeit!

(2016)

Sleepy Hollow (1999; Regie: Tim Burton)
oder: *„Köpfe werden rollen"* – *Alles andere*
als ein kopfloses Meisterwerk…

Anmerkung: Mein Dank gehört an dieser Stelle meiner Frau *Claudia*, die sich intensiv mit der Handlung, der Thematik und den Motiven des Films auseinandergesetzt hat und von deren Ausarbeitungen ich hier profitiere!

Ich kann mich noch gut erinnern, als ich zum ersten Mal den Namen des Film-Regisseurs *Tim Burton* gehört habe. Das war 1989, ich war Hauptschüler, und die (Film-)Welt war gerade im *Batman*-Fieber.

Jack Nicholson, Michael Keaton und Kim Basinger waren allgegenwärtig - und der Film, der heute sogar zum „erweiterten Kreis" meiner *All-Time-Favourites* zählt, war: *damals eine herbe Enttäuschung für mich*! Zu groß war wohl meine, durch die Dauerwerbung hervorgerufene, Erwartungshaltung, zu wenig ausgeprägt noch der Blick für die subtileren Aspekte (Nicholsons letztendlich, bei aller *Nicholson-üblicher-Überzeichnung*, tolle Psychopathen-Darstellung etc.) des Films.

19

Heute, wie gesagt, sehe ich alles anders, und, „*Joker*" Heath Ledger hin oder her, Regisseur Christopher Nolan hin oder her, mit anderen Worten: *The Dark Knight* (2009) hin oder her, Jack Nicholson ist und bleibt mein „Lieblings-*Joker*" und Tim Burtons Film aus 1989 mein „Lieblings-*Batman*-Film".

Da ich 1989 im TV eine Dokumentation über die Dreharbeiten verfolgte, in der natürlich auch Tim Burton zu Wort kam, war er der dritte Regisseur, neben und nach *Steven Spielberg* und *Alfred Hitchcock* natürlich, dem ich somit ein Gesicht zuordnen konnte.

Ich muss zugeben, ich hätte damals nicht gedacht (na ja, zugegeben, ich war damals, mit 13, doch noch sehr jung für solche Gedanken :-)), dass Tim Burton eine fixe Größe in der Filmwelt bleiben würde und auch heute noch zu den großen Regisseuren und generell *Filmkünstlern* dieser Welt zählt!

Der Schauspieler, mit dem Burton in der Folge dann am öftesten gearbeitet hat, war aber bekanntlich nicht Jack Nicholson, sondern natürlich *Johnny Depp*.

7-mal gab es bisher diese außergewöhnliche Kombination zweier Ausnahme-Talente auf der Leinwand zu betrachten, wobei für die meisten dieser Filme sicherlich auch das Wort *bestaunen* angemessen ist (1990: *Edward*

Scissorhands/dt.: Edward mit den Scherenhänden; 1994: *Ed Wood*; 1999: *Sleepy Hollow*; 2005: *Charlie and the Chocolate Factory*/dt.: Charlie und die Schokoladenfabrik; 2007: *Sweeny Todd: The Demon Barber Of Fleet Street*/dt.: Sweeny Todd – Der teuflische Barbier aus der Fleet Street; 2010: *Alice in Wonderland*/dt.: Alice im Wunderland; 2012: *Dark Shadows;* die *Alice in Wonderland*-Fortsetzung von 2016 zählt natürlich nicht, da Burton hier *nicht* Regie führt...).

Bevor ich aber jetzt wirklich zu der ganz hervorragenden *Burton-Depp*-Zusammenarbeit *Sleepy Hollow* aus 1999 komme, einem Film, der sich auch kommerziell, also auch an den Kinokassen, so richtig rentiert hat (vor allem Tim Burton hatte ja nach dem Flop *Mars Attacks* im Jahre 1997 - im Übrigen ein Flop, der ihn seinerzeit angeblich in wirklich schwerere Depressionen gestürzt hat - wieder einen Hit bitter nötig! Burtons sozusagen *absichtliche „Schwarz/Weiß-Art-House-Entgleisung"* *Ed Wood* hingegen, in der Depp, wie weiter oben schon erwähnt, ebenfalls die Hauptrolle spielte, hatte ihm Hollywood nach dem Blockbuster *Batman Returns* aus 1992 ja noch irgendwie vergeben), noch ein paar Worte zu meinem Verhältnis zu dem Schauspieler Johnny Depp, der, laut *Wikipedia*, seit

2008 zu den „bestbezahltesten Charakterdarstellern Hollywoods" zählt.

Heute, wo ich so etwas wie ein *deklarierter Fan* von dem mittlerweile auch schon fast 53-jährigen Johnny Depp bin und eine ganze IKEA-Kiste voller DVD-Ausgaben seiner Filme besitze, kommt es mir ein wenig seltsam vor, dass ich mich *sooo*(!) *lange* nicht so richtig für ihn begeistern habe können.

Irgendwie konnte ich mich wohl mit seinem über ein Jahrzehnt anhaltenden *Ausnahmestatus* in Hollywood, als eine Art *Zwitterwesen*, angesiedelt zwischen *Hollywood- und irgendwie auch Art-House-Film-Star*, nicht so richtig anfreunden.

Sicherlich, ich kannte *What`s Eating Gilbert Grape* (1993; Gilbert Grape - Irgendwo in Iowa; Regie: Lasse Hallström), Emir Kusturicas exzellentes *Arizona Dream* (1993), Tim Burtons wirklich berührendes Schwarzweiß-Bio-Pic *Ed Wood* sowie *Don Juan DeMarco* (mit *Marlon Brando!!!;* 1994; Regie: Jeremy Leven), Jim Jarmuschs phänomenales *Dead Man* (1995) und vielleicht noch den möglicherweise damals überbewerteten Mafia-Film *Donnie Brasco* (mit *Al Pacino!!;* 1997; Regie: Mike Newell), aber so richtig wollte, wie man so schön sagt, der Funke nicht überspringen...

Erst ein paar Jahre nach seinem Megaerfolg als mittlerweile *ikonischer „Captain Jack Sparrow"* in *Pirates of the Carribean: The Curse of the Black Pearl* (2003; Fluch der Karibik; Regie: Gore Verbinski) habe ich mich wieder für ihn zu interessieren begonnen und bin schließlich, letztendlich *auch* durch das schräg geniale *Sleepy Hollow,* zu einem Fan geworden.

Ein Fan bin ich aber mittlerweile nicht nur vom guten „Johnny" :-), sondern auch ein Fan des Films *Sleepy Hollow* im Allgemeinen!

Warum Fan des Films?

Nun, schätzt man beim ersten Ansehen noch den reinen Unterhaltungswert, die mitreißende (Horror-)Geschichte und die ausgefeilte Künstlichkeit der Bilder (Anm.: *Diese Bilder wurden sogar künstlich nachgebleicht, um den von Tim Burton gewünschten Effekt, die von ihm gewünschte Atmosphäre, zu erzielen!*), so merkt man, desto *analytischer* man sich mit dem Film auseinandersetzt (ich weiß, „analytisch" klingt ein bisschen nach unlustiger „akademischer Schwerarbeit" :-), ist aber de facto *hier* ebenfalls ein reines Vergnügen), dass er auf *vielerlei* Arten lesbar ist und so *einige,* teilweise wirklich erstaunliche, *Zusatzebenen* zu bieten hat.

Letztendlich ist *Sleepy Hollow,* Regisseur Tim Burton und Drehbuchautor *Andrew Kevin Walker* (1995: *Seven*/dt.: Sieben; 1999: *8mm - Eight Millimeter*/dt.: 8MM - Acht Millimeter) sei Dank, ein Film über die *Angst,* über *Ängste* und über *Angstverarbeitung* und *Angstbewältigung.*

Es ist die, glücklicherweise *sehr* weit über *Washington Irvings* literarische Vorlage („*The Legend of Sleepy Hollow*") hinausgehende, Geschichte eines Mannes, Constable *Ichabod Crane* (Johnny Depp), der sich sowohl den im Städtchen „Sleepy Hollow" gerade kursierenden Ängsten als auch *seinen eigenen* Ängsten und Traumata stellen muss, dabei immer wieder auch an seine Grenzen gerät (in Ohnmacht fällt etc.), letztendlich aber von Anfang an als Einziger gewillt ist *richtig hinzuschauen* und somit auch den „ganzen Spuk" beendet.

Zunächst aber zur spektakulären Machart des Films und zur Filmsprache.

Die Bewegung der *Romantik,* genauer: der *schwarzen Romantik* (mit ihrer Rückbesinnung auf das *Mittelalter* und die „*Gothic*"), hat hier zweifellos Pate gestanden!

Überreale Bilder und die vorherrschende *düstere* Farbgebung mit viel *Grau* sowie *Blau* zeugen davon. Auch die *Natur* scheint *belebt*, vor allem die zahlreichen Bäume.

Die *Gotik* ist ja heute noch, wie ohnehin die meisten wissen werden, eine gar nicht so unbeliebte Bewegung in der Mode und im Life-Style-Bereich.

Was die *Musik* betrifft, so stellt diese eine teilweise schon fast *klassische Untermalung* der Horror-Handlung dar, die eben rund um das hässliche, gotische, graue Dorf „Sleepy Hollow" passiert, und erzeugt dementsprechend auch eine unheimliche, bedrohliche Atmosphäre.

Ichabod Crane, der Ermittler, ist ein *sehr schrulliger Typ* (Johnny Depp, der in dem Film wirklich toll, wenn nicht sogar, man muss es *auch* als Mann *leider* zugeben, *schön* aussieht, kann hier wirklich immer wieder seinem *komischen* Talent freien Lauf lassen!), aber andererseits auch ein Verfechter *moderner*, beinahe schon *forensischer* und *korrekter* Ermittlungsmethoden (auch die zahlreichen wissenschaftlichen Instrumente, die er mit sich herumträgt, die modernere Ermittlungsmethoden garantieren sollen, geben bei der Bevölkerung meist nur Anlass zum Staunen und zu Gelächter)!

Da er in New York des Jahres 1799 mit seiner *Sherlock Holmes*-artigen Vorgehensweise, auch bei seinen Vorgesetzten, aber alles andere als gut ankommt, wird er strafversetzt.

Seine Reise in das besagte Dorf, auch hier machen Musik und Landschaft einen bedrohlichen Eindruck, wirkt wie eine Reise in den Horror, in eine Geisterwelt, in der er sich bewähren wird müssen!

Wie das gerade auch in kleinen Städtchen oder in Dörfern oft der Fall ist, gibt es dort einflussreiche Familien. Im Falle von „Sleepy Hollow" sind das die *Van Garretts* und die *Van Tessels*.

In Baltus Van Tessels Haus etwa herrscht zweifellos eine *Atmosphäre der Angst*. Am Ende wird man auch wissen *warum*. Crane allerdings findet sofort zu Van Tessels hübscher Tochter Katrina (*Christina Ricci*) einen Draht und freundet sich mit ihr an.

Bald erfährt Crane auch die morbide *Legende*, die kursiert: Ein *Hessischer Söldner* (gespielt von *Christopher Walken!*) mit einem eindrucksvollen Ross, der extrem grausam war und alle Gegner köpfte, wurde eines Tages dann selbst mit seinem eigenen Schwert enthauptet. Wobei er der Enthauptung womöglich entkommen hätte können, wenn er damals nicht zwei kleinen Mädchen im winterlichen Wald begegnet wäre, von denen ihn eines, *anscheinend selbst böse und ohne Angst*, sofort an seine Verfolger verraten hat.

Die „Saat des Bösen" treibt aber wieder, ausgehend von einem *verfluchten Ort*, einem, wie sich bald herausstellt, *monströsen Baum*, ihr Unwesen; der kopflose Reiter scheint tatsächlich auferstanden und auf einem Rachefeldzug!

Die *Bibel*, *Aberglaube* und *Geister* stehen in dem Film Cranes *neuartigen Methoden* gegenüber, wenngleich der Großteil der Protagonisten im Reiter ganz simpel den *Teufel*, also das personifizierte Böse, sieht und in der Konfrontation mit ihm ganz einfach eine Fortführung des alten Kampfes des Menschen gegen das Böse (*Teufel gegen Kirche/Glaube gegen Teufel*). Durch ein paar Zuflüsterer entdeckt Crane auch in der Folge Hinweise auf ein *Geheimnis* und eine *Verschwörung*, an der mehrere wichtige Dorfbewohner beteiligt sind.

Aber ich möchte mich an dieser Stelle und in diesem Artikel nicht unbedingt der „Kriminalgeschichte", verkürzt gesagt geht es nämlich um *Rache* und um eine *Erbschaftsangelegenheit,* und den ganzen damit verbundenen Zusammenhängen widmen (nur so viel: *niemand, der in irgend-welche Machenschaften involviert ist, Schuld auf sich ge-laden hat, kommt am Ende davon!*), sondern eher gewissen mir interessant erscheinenden *Motiven, Symbolen* und, nennen wir es mal etwas hochtrabend einfach so, *psycho-logischen Deutungsmöglichkeiten.*

Was für die Motivation und für das Verständnis der Johnny Depp-Rolle *Ichabod Crane* zentral ist, sind dessen Träume von seiner Mutter, einem „Naturwesen" mit, so deuten es die Rückblenden/Kindheitserinnerungen/Träume zumindest an, übersinnlichen Fähigkeiten.

Crane kämpft ja als Erwachsener gegen das Übersinn-liche an, versucht sich davon stets zu befreien und ist im-mer auf der Suche nach den *plausiblen Erklärungen.*

Ein *grausiges Kindheitstrauma,* das im Zusammen-hang mit seinen Eltern steht und das er versucht zu über-winden, verfolgt ihn jedoch konsequent: In der Erinnerung hat nämlich der Vater, laut Cranes Aussage im Film ohne-hin „*ein Tyrann unter der Maske der Bigotterie",* anschei-nend *seine Mutter getötet!* Noch dazu in einer *Eisernen Jungfrau!*

Cranes Wundmale auf seinen Händen, die er sich als Kind durch ein paar unachtsame Griffe in der Folterkammer, in der seine Mutter starb, zugezogen hat, sind eine Art Mahnung und eine Erinnerung an dieses Drama um seine ermordete Mutter.

Ein Symbol, unter vielen, aber aus meiner Sicht ein absolut *zentrales*, ist das *Drehspiel für Kinder*, das Crane offenbar immer bei sich trägt und das er einmal Katrina zeigt.

Auf diesem sind ein *Vogel* und ein *Käfig* abgebildet, und zwar auf zwei verschiedenen Seiten. Crane hat dieses Drehspiel seinerzeit von seiner Mutter erhalten, und wenn man beginnt das Spielzeug hin und her zu drehen, sodass die Bilder sich gleichsam verbinden, dann entsteht die *optische Täuschung*, dass der Vogel plötzlich im Käfig gefangen ist.

Übertragen auf das *Hauptthema der Angst* heißt das, ohne -so denke ich jedenfalls- hier gleich in abenteuerliche Interpretationen abzugleiten, Folgendes: *Wenn man, im Zustand der ANGST, nicht in der Lage ist genau hinzuschauen, dann entsteht eine EINBILDUNG, die fälschlicherweise für die Wahrheit gehalten wird!*

Für eine *psychologische Deutung* des filmischen Geschehens könnte man festhalten: *Die Geister sind die eigenen Ängste!!!*

Ichabod Crane stellt sich ihnen mit *Verstand* und neuen Forschungsmethoden, wird aber immer wieder selbst von der Angst überwältigt, *gibt aber*, und das ist das Entscheidende, *nicht auf!*

Denn: Alle in dem Dorf „Sleepy Hollow" lassen sich täuschen - und verlieren, aus *Angst*, auch *symbolisch* den Kopf!

Sie sehen den kopflosen Reiter, ja, aber im *Hintergrund des Bösen steht ein Mensch*, der, dank Angst und Aberglaube, eben *nicht gesehen* wird!

Der *kopflose Reiter* ist ein *Motiv*, dem Washington Irving, wie der Originaltitel seines Werkes auch andeutet („The Legend of Sleepy Hollow"), den Status einer Legende beimisst.

Der Reiter wird als *Figur der dunklen Seite* gezeigt, ist aber gleichzeitig auch ein *psychologisches*, ein *psychisches* Phänomen. Er symbolisiert die *dunkle Seite der Seele*, die *dunklen Seelenzustände des Menschen*, den *düsteren Drang* unserer Spezies. Er ist demnach die *Verbildlichung der dunklen Seite des Menschen!*

Im Film will sich der Reiter nur das zurückholen, was ihm genommen wurde. Er will das, was ihm fehlt: sein Kopf!

Das Gleiche gilt auch für *die wahre Mörderin* (hinter allem steckt nämlich in Wirklichkeit eine Frau, *Lady Van Tessel* - Katrina Van Tessels *Stiefmutter*, ebenfalls großartig gespielt von *Miranda Richardson*). Sie und ihre Familienmitglieder wurden einst um ein Erbe betrogen und sie sinnt nach Rache, denn auch sie, die förmlich zur *Köpfe abschlagenden Massenmörderin* wird, kann nur *Ruhe* finden, wenn sozusagen alle Teile wieder zusammenkommen.

Im Laufe des Films muss dann auch ihr Ehemann und Katrinas Vater, Baltus Van Tessel, dran glauben.

Da die Rache aber nicht auf einem normalen Weg gelebt werden kann, holt der legendäre Reiter, gleichsam stellvertretend, also nur zurück, was *ihm* fehlt *und* der Frau fehlt, bei der es sich im Übrigen um das bösartige kleine Mädchen aus dem Wald handelt, das ihn seinerzeit verraten hat, jetzt aber *im Besitz seines Kopfes* ist und somit, symbolisch, die Macht über ihn hat.

Zum Thema *Angst* und somit auch wieder zu Johnny Depps *Constable Ichabod Crane*: Wie ich schon erwähnt oder angedeutet habe, *kann die Angst nur überwunden werden, wenn die dunklen Seiten angeschaut werden!*

Als genau *dieses Anschauen/Nicht-Wegschauen* geschieht, nämlich durch *Crane*, durch *Katrina* und einen *dritten Waisen* (einem Jungen, der von Beginn an nicht von Cranes Seite weicht und dessen Vater Diener war und leider auch Zeuge einer folgenschweren Testamentsunterzeichnung, die ihm „den Kopf gekostet hat"), *kann sich, am Ende, auch das Böse auflösen und wird in der Folge erlöst!*

Überhaupt gehören die *Waisen* in Tim Burtons Meisterwerk sozusagen zu der Gruppe der, wenn man es so ausdrücken will, *„guten Menschen".*

Sie haben, allesamt auf *tragisch-radikale Art*, geliebte Menschen verloren und mussten deren Tod sogar direkt mit ansehen.

Auch Ichabod Cranes jugendliche Begleiter stellen sich, ähnlich wie der Constable selbst eben, mutig dem Bösen sowie ihren Ängsten und ihren frisch erlittenen Traumata. Letztere sind natürlich bedingt durch den plötzlichen Verlust ihrer Eltern, die ihnen anscheinend von dem „Hessen", also von dem monströsen Reiter, auf die gewohnte Art brutal genommen wurden.

Typisch für die Kunstrichtung der *Romantik*, von deren Einflüssen der Film ja förmlich durchdrungen ist, ist das Merkmal, dass die *reale Welt* und die *Phantasiewelt* ineinander *übergehen*; beide Seiten, Realität und Phantasie, oder, wie die Vertreter der Romantik es manchmal ausgedrückt haben, die *„Tag- und Nachtseite"*, stehen *gleichberechtigt* nebeneinander.

Christina Ricci, die Katrina spielt, hat durchaus auch einen Hang zur „Zauberwelt" und zur „Hexerei". Die Tatsachen, dass sie ein Pentagramm unter Cranes Bett malt und ihm ein Buch mit Zaubersprüchen schenkt, schüren natürlich zunächst sein Misstrauen. Doch sowohl das Pentagramm als auch die Zaubersprüche erweisen sich als Dinge, mit denen Katrina nur versucht den Constable zu schützen.

Das Buch, das er in einer Jackentasche in der Nähe des Herzens trägt, rettet ihm gegen Ende dann sogar tatsächlich das Leben, allerdings auf sehr „weltliche" Art und Weise, denn es hält eine Pistolenkugel auf!

Eine weitere, wenn auch äußerst „schräge", Verbündete findet Crane in einer *Hexe*, die ihm den Weg weist, und zwar zum *Baum des Todes*, der nicht nur vollgestopft mit abgeschlagenen Köpfen ist, sondern aus dem auch Blut fließt. Dieser Baum scheint eine Art Pforte zwischen zwei Welten zu sein und er scheint auch den kopflosen Reiter zu beherbergen, der stets von dieser Stelle aus beginnt sein Unwesen zu treiben.

Es stellt sich im Laufe des Films heraus, dass diese Hexe die Schwester von Katrinas Stiefmutter ist und in einer kurzen Rückblende wird gezeigt, dass die besagte Stiefmutter inzwischen auch ihre Schwester getötet, sprich geköpft, hat.

Dass diese Frau *von Natur aus* böse ist, zeigt ja ohnehin schon die Kindheitsszene, in der sie den „*Hessen*" verrät. Auch das ist ein weiterer intelligenter Aspekt des Burton-Films: *Das Böse braucht nicht immer eine Motivation oder eine „Vorgeschichte", sondern ist manchmal auch einfach von Natur aus in einer Person angelegt!*

Das zweite kleine Mädchen im Wald ist natürlich jene Hexe, die Johnny Depp später den zentralen Hinweis bezüglich des Baumes gibt.

Zum Finale: Der kopflose Reiter, der seinen gestohlenen Kopf zurückwill, bekommt diesen von Johnny Depp, dem es gelingt ihn Miranda Richardson zu entreißen, zurück. Die Störung seiner Totenruhe ist damit beendet und Christopher Walken verschwindet mit Richardson, der er, in einer *wirklich denkwürdigen Szene*, noch einen „blutigen Kuss" auf die Lippen verpasst, und samt seinem imposanten Ross im Baum.

Am Ende bleiben aber sozusagen auch die drei Waisenkinder zusammen, denn Crane, der letztendlich auch für *ein bald beginnendes neues Zeitalter steht, für eine neue aufgeklärte Zeit, die den Aberglauben verdrängen oder zumindest zurückdrängen wird*, nimmt Katrina und den Jungen mit nach New York.

Man darf mich hier aber bitte nicht falsch verstehen: Der Film *Sleepy Hollow* ist Gott sei Dank *kein* Art-House-Werk, das sich in irgendwelchen verstiegenen Motiven der Romantik verliert oder gar ein diesbezügliches Vorwissen vom Zuseher verlangt, *nein*, er funktioniert *glänzend* als spannender Unterhaltungs- und Horrorfilm mit witzig-schrägen Momenten (und immer wieder auch *klassischen Elementen* des Horrorgenres; klassisch, fast schon ein wenig „altbacken", kommt im Übrigen auch *Danny Elfmans* Filmmusik daher, die in Teilen sogar dem *Batman*-Filmscore von 1989 ähnelt - der Mann hat eben, wie ein *John Williams* oder ein *Hans Zimmer*, anscheinend eine unverwechselbare musikalische Handschrift :-)).

Dieses *witzig-schräg-skurrile Moment* gibt es in den Werken von Tim Burton ja häufig, denn das gehört zweifellos zu der *Handschrift* dieses außergewöhnlichen Regisseurs.

Und ganz ehrlich: Der Film hätte nicht so viele Menschen erreicht und wäre an den Kinokassen nicht so erfolgreich gewesen, wenn er nicht perfekte Unterhaltung, und noch dazu mit wirklich faszinierenden und außergewöhnlich schönen Bildern, bieten würde!

Was ihn aber, aus meiner Sicht, dennoch zu einem *großen* Film macht, zu einem echten Highlight, und zwar sowohl in Burtons als auch in Depps filmischen Schaffen, ist die Tatsache, dass er, bei wiederholtem Ansehen, doch einige spannende *zusätzliche* Lesarten bietet, die, wenn man sich darauf einlässt, recht anregend sein können und vielleicht sogar, was einige Aspekte betrifft (z. B. *Angst-Mechanismen* etc.), auch ein wenig „lehr- und hilfreich".

(2016)

Sherlock (Episode 1.1) – **A Study in Pink** (2010; Regie: Paul McGuigan) oder: *Warum die britische TV-Serie „Sherlock" eine der besten Mini-Serien aller Zeiten ist...*

Nachdem Guy Ritchie, nach der Scheidung von Popstar Madonna, seine Kreativität als Filmemacher anscheinend wiedererlangt hatte, gelang es ihm recht eindrucksvoll mit seinen beiden großartigen Sherlock Holmes-Filmen *Sherlock Holmes* (2009) und *Sherlock Holmes: A Game of Shadows* (2011; Sherlock Holmes: Spiel im Schatten) den weltberühmten Kult-Detektiv wieder ins Gedächtnis der breiteren Masse zurückzuholen. Ganz zurecht schrieb etwa die Zeitschrift *TV-Movie* über den Film aus 2009: „*Der coolste Holmes aller Zeiten!*". Die Zeitschrift *Cinema* gab sich ähnlich begeistert und fällte über denselben Film folgendes Urteil: „*Witz, Charme und jede Menge Action.*" Die Fortsetzung aus 2011 heimste ebenfalls, und das völlig verdient, überwiegend gute Kritiken ein.

Beispiele gefällig?

Nun ja, *B.Z.* meinte: „*Noch rasanter, noch verrückter, noch actionreicher!*" Und *SZ Extra* brachte die Sache überhaupt auf den Punkt: „*Ein seltener Glücksfall des Genres!*"

Ritchie und sein genialer Hauptdarsteller Robert Downey Jr., im Übrigen einer meiner *absoluten Lieblingsschauspieler*, schienen der angestaubten Detektiv-Figur, mit der Hilfe einer innovativ-rasanten Filmsprache, tatsächlich eine Frischzellenkur verpasst zu haben. Nur schade, dass es dann doch nicht, wie ursprünglich angeblich geplant, schneller zu einem dritten Sherlock Holmes-Film gekommen ist, da Downey Jr., als *Iron Man*, ja bekanntlich, und das wirklich *megaerfolgreich*, ins *Marvel*-Universum abgetaucht ist und von dort leider nicht mehr so schnell zurückzukehren schien. Doch in der letzten Zeit verdichten sich ja die Gerüchte, dass es 2018 endlich so weit sein wird und ein dritter Holmes-Film von Ritchie mit Downey Jr. und Jude Law als Dr. Watson auf die Leinwände kommen wird.

Nun, mag Sir Arthur Conan Doyles Detektiv Sherlock Holmes auch lange Zeit kein Thema gewesen sein, so waren die „Sherlock Holmes-*artigen*" Figuren, man denke da nur an „*Dr. House*" (Hugh Laurie) oder auch an den „*Mentalist*" (gespielt von Simon Baker), doch stets präsent und trugen verschiedene Merkmale der Holmes-Figur an sich.

Die ultimative Frischzellenkur für den Klassiker, und zwar eine spektakuläre und die TV-Landschaft sogar nachhaltig prägende, sollte aber noch folgen: Die britische TV-Mini-Serie *Sherlock*!

Aber nicht nur für die BBC gerieten die, seit 2010 produzierten, außergewöhnlich guten abendfüllenden TV-Filme (bisher sind es 13 an der Zahl - 4 Staffeln zu je 3 Folgen plus ein Special) zu einem weltweiten Erfolg oder, wie es auf der DVD-Ausgabe heißt, zu einem „*TV-Serien-Blockbuster*". Für die beiden Hauptdarsteller Benedict Cumberbatch (Sherlock Holmes) und Martin Freeman (Dr. John H. Watson) sowie für Nebendarsteller Andrew Scott (Jim Moriarty) erwies sich die Serie sogar als Sprungbrett nach Hollywood. So kann man zum Beispiel Cumberbatch in *Star Trek - Into Darkness* (2013; Regie: J. J. Abrams) bewundern, Freeman in der neuen *Hobbit*-Trilogie (2012; 2013; 2014) von Peter Jackson und Scott in dem Daniel Craig-James Bond-Film *Spectre* (2015; Regie: Sam Mendes).

Der folgende Text setzt sich also mit dem Anfang, dem 1. Teil, wenn man so will: mit dem „*Piloten*", einer grandiosen Fernsehserie auseinander. Diese von Paul McGuigan inszenierte *Pilot*-Folge, *A Study in Pink* (2010; Ein

Fall von Pink), basiert auf dem erstmals 1887 erschienenen 1. Sherlock Holmes-Roman von Sir Arthur Conan Doyle, der mit *A Study in Scarlet* (dt. Titel: Eine Studie in Scharlachrot) betitelt war. Natürlich gibt es zwischen dem TV-Film und dem Roman dann natürlich doch teilweise recht starke Unterschiede, wenngleich auch viele Aspekte aus dem Roman in *anderen Teilen* der Serie eingearbeitet oder stets präsent sind, da sich Holmes und Watson ja schließlich, was ihre Charakterzüge und Kennzeichen betrifft, nicht ständig verändern. Und außerdem heißt es bei der BBC-Serie, die auf einer Idee von Steven Moffat und Mark Gatiss basiert, im Vorspann stets „*Based on the Works of Sir Arthur Conan Doyle*", was konkret so zu verstehen ist, dass Motive und Elemente aus den literarischen Vorlagen natürlich vorhanden sind, es sich aber um keine richtigen 1:1- Literaturverfilmungen handelt.

Sherlock 1.1 - A Study in Pink zeigt einen vom Afghanistan-Krieg traumatisierten Dr. John Watson, der im London der Gegenwart ein tristes, sich an der Grenze zur Armut abspielendes, Leben führt. Er hat Alpträume, die vom Kriegseinsatz handeln, hinkt als Folge einer Kriegsverletzung, ist in psychologischer Behandlung, betreibt auf Anraten seiner Therapeutin einen Blog, der aber nicht aktiv ist, und leidet ganz allgemein an *Langeweile*.

Zur gleichen Zeit wird London von einer mysteriösen Serie von rätselhaften Selbstmorden heimgesucht, bei denen Gift im Spiel gewesen zu sein scheint. Diese „Serien-Selbstmorde" zeichnen sich darüber hinaus dadurch aus, dass die Opfer anscheinend in keinerlei Verbindung zueinander gestanden haben.

Bei einer Pressekonferenz, die Scotland Yard zu dem heiklen Thema der „Serien-Selbstmorde" gibt, bekommt man einen Vorgeschmack von Holmes' Arroganz gegenüber dieser legendären britischen Polizeieinrichtung.

Bei Aussagen von Detective Inspector Lestrade (Rupert Graves), der eigentlich eine Art Vertrauter von Holmes ist und ihn zu diversen Fällen als Berater hinzuzieht (Rupert Graves' Lestrade weicht im Übrigen aber stark von dem Lestrade der literarischen Vorlage ab, der dort als „hager und fretchenhaft" beschrieben wird), und Sergeant Sally Donovan, die Holmes dagegen alles andere als wohlgesonnen ist und ihn immer wieder als „Freak" und „Psychopathen" bezeichnet, erscheint auf den Displays der diversen Handys, der der Polizeibeamten und der der anwesenden Presseleute, immer wieder das Wort „*Falsch!*".

Der besagte SMS-Text, der die ermittelnden Beamten letztendlich nichts anderes als blamiert, erscheint gleichzeitig auch im Bild, ist somit für die Zuschauer sofort mitlesbar. Ein innovativer Aspekt in der Filmsprache von *Sherlock*, der mittlerweile viele Nachahmer in anderen Serien und auch Filmen gefunden hat!

Stamford, ein alter Bekannter von Watson, bringt diesen, bei einem zufälligen Treffen in einem Park, auf die Idee doch mit jemanden zusammenzuziehen, um sich die Miete in einer teuren Stadt wie London zu teilen. Stamford gibt an jemanden zu kennen, der vielleicht als Mitbewohner für Dr. Watson in Frage käme.

Bald darauf lernt Dr. Watson und lernen die Zuschauer endlich Sherlock Holmes kennen, der sich auf den ersten Blick durch exzentrisches, arrogantes und teils unmenschliches Verhalten auszeichnet. Sofort wird bei seinem Umgang mit der Gerichtsmedizinerin Molly Hooper (Louise Brealey), die in Sherlock verliebt ist, klar, dass er mit Menschen nicht umgehen kann.

So genial seine wissenschaftlichen Fähigkeiten oder seine Fähigkeiten als Kriminalist und Detektiv bekanntlich auch sein mögen, sosehr versagt er, wenn es um das „Normal-Zwischenmenschliche" geht. In Staffel 2, in deren 2.

Film, nämlich in *The Hounds of Baskerville* (2012; Die Hunde von Baskerville; Regie: Paul McGuigan), spielt Lestrade einmal, angesichts von Holmes unmenschlichen Seiten, auf dessen „Asperger-Syndrom" an, und tatsächlich ist der Sherlock Holmes in der Serie *Sherlock* eine Art *Asperger*-Typus, der zumindest einige Anzeichen dieser Form von Autismus aufweist, die auch in der Realität oft mit einer außergewöhnlichen wissenschaftlichen Begabung einhergeht. Der ganze *Autismus-Aspekt* ist natürlich eine moderne, weiterführende Interpretation der Holmes-Figur, aber eine, die Sir Arthur Conan Doyles ursprüngliche Figurenzeichnung durchaus *zulässt*, ohne hier allzu abenteuerlich überzuinterpretieren :-). Neu in der Serie ist auch die *Mitleidlosigkeit* der Hauptfigur mit den Opfern, die in den literarischen Vorlagen *so* nicht vorkommt.

Die dominantesten Anzeichen eines *reinen* Asperger-Syndroms wären, ganz allgemein gesprochen, folgende: Schwächen in den Bereichen der sozialen Interaktion und Kommunikation sowie eingeschränkte, stereotype Aktivitäten oder Interessen und Beeinträchtigung der Fähigkeit, nichtsprachliche Signale wie Gestik/Mimik/Blickkontakt bei anderen Personen zu erkennen und auszusenden.

Jedenfalls führt Holmes, als sich *eines der berühmtesten Ermittler-Duos der Literatur- und Filmgeschichte* das erste Mal trifft, in der Pathologie gerade eines seiner „Leichenexperimente" durch, genauer, er schlägt mit einer Reitgerte auf eine Leiche ein, um etwas kriminalistisch Relevantes herauszufinden. Derartiges kommt ja auch in dem Roman *A Study in Scarlet* vor, nur dass da die Reitgerte ein Stock ist.

Bei diesem ersten Treffen bekommt Watson auch gleich einen Eindruck von Holmes phänomenaler Kombinationsgabe und von dessen Arbeitsmethode der sogenannten *Deduktion*, über die sich Watson später im Internet informiert, wo Holmes diese Art des Denkens und Kombinierens darstellt (überhaupt spielen die neuen Medien eine große Rolle in der Serie, ständig werden Handys oder Laptops benutzt!). Jedenfalls erkennt der Detektiv sofort anhand verschiedener Anzeichen zentrale Aspekte aus Watsons Leben und Vorgeschichte, die dem Doktor in einer ungeheuren Geschwindigkeit und mit der für Cumberbatchs Holmes-Figur typischen „angeberischen Arroganz" präsentiert werden.

Nun, trotz des offensichtlich herablassenden Umgangs mit „normalen Menschen" und der schnöseligen, fast aristokratischen Art von Holmes, die man im Allgemeinen ohnehin mit der englischen Oberschicht in Verbindung bringt, zieht Dr. Watson, wie jeder weiß, zusammen mit dem Meisterdetektiv in die „*Baker Street 221B*". Mrs. Hudson (gespielt von Una Stubbs), die in der Serie immer betont *nicht* die „Haushälterin" der beiden zu sein, ist ihre Vermieterin.

Der ehemalige Militärarzt Dr. Watson wird von Sherlock, der die wahre Persönlichkeitsstruktur des Doktors umgehend richtig einschätzt, sozusagen auf der Stelle auch „neu eingesetzt", denn er macht ihn zu seinem Helfer und durchbricht so Watsons Langeweile. Die psychologische Komponente wird umgedreht – der Grund für Watsons „posttraumatische Störung" ist falsch, denn in Wahrheit *vermisst* er das Abenteuer und die Gefahr!

Die Zusammenarbeit mit Holmes, dem ersten und einzigen „*Consulting Detective*" der Welt (der Begriff „*Beratender Detektiv*" stammt tatsächlich auch aus der literarischen Vorlage!), wird Watsons Therapie gegen die Einsamkeit und vor allem gegen die Eintönigkeit des Daseins. Holmes übt eine Faszination auf seinen Helfer aus und Sherlocks Energie springt förmlich auf Watson über. Das geht im ersten Teil der Serie sogar so weit, dass Watsons „psychosomatisches" Hinken, auf Grund all der Action, die das Leben mit Sherlock ihm plötzlich bietet, verschwindet (hierbei handelt es sich natürlich auch um eine der zahlreichen intelligenten Neuerungen und Neuinterpretationen, die die Serie zu bieten hat).

Als kleinen amüsanten und auch modernen Running Gag bezogen auf zwei Männer, die zusammenleben, haben sich die Serien-Macher Folgendes einfallen lassen: Mehr als einmal werden die beiden für ein *schwules Paar* gehalten!

Der mysteriöse Fall der Londoner Serien-Selbstmorde lässt Detective Inspector Lestrade bei Holmes anfragen, ob er Scotland Yard bei den Ermittlungen nicht beratend zur Seite stehen kann, vor allem auch deshalb, weil mittlerweile ein viertes Opfer existiere.

Die Annahme, dass sich hinter dieser bizarren Selbstmord-Serie in Wahrheit ein Serienmörder verbirgt, begeistert und euphorisiert Holmes förmlich. Eine Begeisterung und Euphorie, die Watson verwundert und Mrs. Hudson als „unanständig" bezeichnet.

Darüber hinaus spricht Holmes hier auch die entscheidenden Worte „*Das Spiel hat begonnen!*", die in den ersten beiden Staffeln zu *einer Art Leitmotiv für die Auseinander-*

setzung mit Erzfeind Moriarty werden, eine Auseinandersetzung, welche auch Moriarty wie eine Art „*Spiel*" betrachtet.

Dass der Detektiv, mit seiner „speziellen Art", aber natürlich nicht nur Freunde bei der Londoner Polizei hat,
zeigt sich sofort am neuen Tatort, in Brixton, Lauriston
Gardens (der Ort des Verbrechens stimmt übrigens mit
dem in der literarischen Vorlage überein).

Holmes Feinde, allen voran die bereits genannte Sergeant Sally Donovan, die für ihn ohnehin nur, wie weiter
oben schon erwähnt, wenig schmeichelhafte Bezeichnun-
gen wie „Psychopath" übrighat, und der Forensiker Ander-
son, sind eifersüchtig auf das kriminalistische Genie Holmes. Allerdings werden die beiden von Holmes auch permanent gedemütigt.

Holmes, der sich nach eigener Aussage natürlich nicht
als „Psychopath" sieht, sondern als „*hochfunktionaler So-
ziopath*"(!), wird also nicht gemocht, sondern, aus Lestra-
des Sicht, bei manchen Fällen eben dringend gebraucht.

Aber auch die Tatsache, dass der Detektiv ohne Bezah-
lung arbeitet, sondern scheinbar nur zum Vergnügen, zum
„*Spaß*", um seiner *eigenen* Lethargie zu entgehen, stößt einigen bitter auf. Hier zeigt sich, dass das Genie von den so

genannten „Normalen" nicht akzeptiert wird und man versucht, es möglichst zu diskreditieren, um nicht selbst als Versager dazustehen. Diese Art von Diskreditierung und Hass wird Holmes, durch einen diabolischen Plan von Jim Moriarty, dann später, in Staffel 2, in der denkwürdigen 3. Folge *The Reichenbach Fall* (2012; Der Reichenbachfall; Regie: Toby Haynes), am eigenen Leib erfahren.

Als Holmes sich die neue Leiche ansieht, eine Frau (in *A Study in Scarlet* ist das Opfer in Brixton im Übrigen ein Mann), die einen pinken Mantel trägt, werden seine Gedanken und Deduktionen als Text ins Bild dazugeblendet, um Holmes' Technik noch einmal zu verdeutlichen.

Die Serie setzt Holmes' Schnelligkeit beim Deduzieren generell anhand einer *unglaublichen* Sprechgeschwindigkeit (nach eigenen Aussagen natürlich *Schwerstarbeit* für den Schauspieler Cumberbatch!) und einer schnellen Bildfolge sowie den dazugehörigen Texteinblendungen in Szene.

Dass das Opfer vor ihrem Gifttod mit ihren Fingernägeln noch das Wort „*Rache*" in den Boden geritzt hat, ist ebenfalls eine kleine Reminiszenz an Arthur Conan Doyles Vorlage. Handelt es sich aber in *A Study in Scarlet* tatsächlich um das deutsche Substantiv „Rache", das dort noch dazu mit Blut geschrieben ist, so macht sich Holmes hier über die kursierende Annahme, dass die tote Frau Deutsche sein könnte, sofort lustig.

Einen Bezug zur Vorlage stellt auch der (Ehe-)Ring der toten Frau her. Während ein ähnlicher „goldener Ring" in *A Study in Scarlet* eine wichtige Bedeutung hat, so schließt Holmes an dieser Stelle, dass das Opfer, das sich als eine Journalistin namens Jennifer Wilson herausstellt, keine allzu glückliche Ehe geführt hat und nebenbei viele Affären gehabt haben muss. Der besagte Ring wurde, für den Detektiv deutlich sichtbar, vor den zahlreichen Ehebrüchen deshalb auch dementsprechend oft abgestreift. Das Opfer ist also eine Frau, die viele Männer hatte, was eine direkte Umkehrung zum Buch ist, wo das Opfer ein Mann ist, der, allein schon auf Grund seiner Zugehörigkeit zu einer bestimmten Religionsgemeinschaft (den Mormonen), viele Frauen hatte.

Auf dem Heimweg, den Dr. Watson alleine bestreiten muss, weil ihn Holmes, der plötzlich ganz und gar in den Fall vertieft scheint, am Tatort zurückgelassen hat, bekommt es der ehemalige Militärarzt mit einer auf den ersten Blick *seltsamen* Figur zu tun, deren wahre Identität an sich erst am Ende des ersten Teils von *A Study in Pink* gelüftet wird: *Mycroft Holmes*!

Sherlocks Bruder Mycroft, dargestellt von Mark Gatiss, einem der kreativen Köpfe hinter dem TV-Event (Mitautor/einer der so genannten *Executive Producers*), spielt eine zentrale Rolle in der gesamten Serie.

Mit seinem „Machtkomplex" (er arbeitet für die britische Regierung und nimmt dort eine hohe Stellung in der Hierarchie des Geheimdienstes ein) und seiner Unfähigkeit zu Beziehungen ist er sozusagen ein weiteres „persönlichkeitsgestörtes" Exemplar aus der Holmes-Familie. Und auch was die „aristokratisch anmutende Arroganz" und den herablassenden Umgang mit anderen betrifft steht Mycroft seinem Bruder in nichts nach.

Mycroft bezeichnet sich gegenüber Watson, der ein lukratives Angebot von Seiten Mycrofts Sherlock auszuspionieren sofort ablehnt, sogar als den „*Erzfeind*" seines Bruders, was aber bei Sherlock, und das fügt der geheimnisvolle Fremde gleich hinzu, „einem *Freund*" noch am nähersten käme.

Da sich Mycroft Holmes Dr. Watson gegenüber nicht zu erkennen gibt und somit auch der Zuschauer vorerst keine Ahnung hat, wer diese „dubiose Figur da" überhaupt ist, glaubt man kurz, es vielleicht mit Moriarty höchstpersönlich zu tun zu haben. Glücklicherweise bekommt man ab Teil 3 der ersten Staffel dann aber den *echten* Moriarty präsentiert, den Andrew Scott auf wirklich *unnachahmliche* und für mich *unvergessliche* Weise porträtiert.

Wie schlecht auch immer das Verhältnis der Holmes-Brüder sein mag, wenn der „kleine Bruder", also Sherlock, in Schwierigkeiten ist, und das ist er bekanntlich ziemlich oft, dann steht ihm Mycroft helfend zur Seite, wenngleich auch oftmals auf eine etwas verquere Art und Weise.

Nun zu dem Thema *Sucht*, das ebenfalls untrennbar mit der Figur des Sherlock Holmes verbunden ist. In den Büchern zeigt Arthur Conan Doyle Sherlock Holmes als jemanden, der immer wieder Phasen hat, die mit starkem Kokain- oder Morphium-Konsum einhergehen.

Holmes' außergewöhnliche geistige Fähigkeiten scheinen ihren Preis zu haben und Drogen werden gleichzeitig als Stimulanz und als „Downer" verwendet, um eine so schwierige und ohne einen zu lösenden Kriminalfall ständig von Lethargie, Langeweile und Eintönigkeit gefährdete Persönlichkeitsstruktur wie die von Holmes *irgendwie* in Schach zu halten. Auch hier, was den Sucht-Aspekt und das Porträt einer „*Sucht-Persönlichkeit*" betrifft, sind Doyles Werke nicht nur äußerst schlüssig, sondern liefern auch für die diversen Neuinterpretationen so einiges an Input.

Ein schon etwas älteres Film-Juwel, das erst seit 2012 auf DVD erhältlich ist und der breiteren Masse eher unbekannt sein dürfte, ist die actionreiche Komödie *The Seven-Per-Cent Solution* [Der Originaltitel ist eine Anspielung auf die Stärke der Kokain-Lösung, die Holmes zu sich nimmt] (1976; Kein Koks für Sherlock Holmes). Der von Herbert Ross inszenierte Film bietet mit Alan Arkin, Vanessa Redgrave, Robert Duvall (als Dr. Watson) und Laurence Olivier ein beachtliches Staraufgebot und beschäftigt sich mit Holmes' (Nicol Williamson) starker Kokain-Abhängigkeit, die von Dr. Sigmund Freud (gespielt von Arkin) in Wien geheilt werden soll.

Schon 2004 hatte die BBC versucht, mit dem von düsterer Atmosphäre geprägten Holmes-Film *Sherlock Holmes and the Case of the Silk Stocking* (Sherlock Holmes - Der Seidenstrumpfmörder; Regie: Simon Cellan Jones), die etwas verstaubte Detektiv-Figur wiederzubeleben. Und in der Tat gibt Rupert Everett, in seinem *leider* einzigen Auftritt als Sherlock Holmes, einen großartigen, schwermütig-depressiven Holmes ab, der am Ende, angesichts von Dr. Watsons baldiger Heirat, als Anspielung auf seinen eigenen Drogenkonsum meint, dass ihm selbst ja immerhin noch „die Nadel" bleibe. Und durch diese Nadel fließt bei Rupert Everetts Sherlock Morphium.

Am *absolut* besten und überzeugendsten ist Holmes Sucht-Problematik aber in der amerikanischen Fernsehserie *Elementary* dargestellt, die, mit Jonny Lee Miller als Holmes und Lucy Liu als Dr. Joan[!] Watson, seit 2012 produziert wird, aber leider das Schicksal hat, von Anfang an künstlerisch etwas unterschätzt zu werden und im Schatten der gefeierten BBC-Mini-Serie zu stehen. Allerdings: Der Serien-Umfang von mittlerweile 5 Staffeln (bestehend aus jeweils mehr als 20 Folgen) zeugt davon, dass diese Sherlock Holmes-Variante, die im modernen New York der Gegenwart angesiedelt ist, ihre treuen Fans hat, zu denen ich übrigens auch gehöre. Nirgends werden die Problematiken des „Clean-Bleibens" nach erfolgtem Entzug so gut dargestellt wie in *Elementary*. Jonny Lee Miller liefert eine exzellente und überzeugende Darstellung einer „Sucht-Persönlichkeit" ab und schafft es dem Zuschauer förmlich die Dauer-Problematik des Abstinent-Bleibens (vor allem von Heroin), angesichts einer schwierigen und für Suchtmittelmissbrauch „geradezu geschaffenen", also extrem anfälligen, Persönlichkeitsstruktur, spüren zu lassen. Aber auch Liu macht ihre Sache gut. Denn, dass Dr. Watson in *Elementary* eine Frau ist, ist kein „billiger Effekt", sondern ergibt tatsächlich einen zusätzlichen Reiz. Im Übrigen fungiert Watson, die ihr Chirurginnen-Dasein wegen eines tödlichen Kunstfehlers hinter sich gelassen hat, in der Serie zunächst als Holmes' „Sucht-Betreuerin", bevor sie dessen Partnerin wird. Gemeinsam helfen sie dem New York Police Department, der Abteilung „Major Crimes", speziell ihrem Freund Captain Gregson (gespielt von Aidan Quinn) und dessen „rechter Hand" Marcus Bell (Jon Michael Hill), knifflige Fälle zu lösen.

In den beiden *Guy Ritchie*-Kinofilmen ist Robert Downey Jr. ein Sherlock Holmes, der sich alles Mögliche an Giften „reinzieht", damit „sein Hirn nicht rebellisch" wird, wenn es keine Schwierigkeiten oder eine Aufgabe zu lösen hat. Nur hat dieser Sucht-Aspekt keine besondere Schwere oder Tiefe in den zwei Filmen und fast vergisst man, dass Downey Jr., mittlerweile ja einer *der* Topverdiener im Filmbusiness, bekanntlich selbst auf eine lange „Drogen-karriere" zurückblicken kann, einen langen Kampf mit der Drogensucht geführt hat, der ihn sogar bis ins Gefängnis gebracht hat.

Aber nun wieder zurück zur BBC-Serie *Sherlock*, in der das Sucht-Motiv grundsätzlich keine sehr dominante Rolle spielt. Obwohl es hin und wieder, zumeist leise, An-deutungen auf eine dramatischere Drogenvergangenheit von Holmes gibt, hat man sich in den einzelnen Folgen für

eine „harmlosere" Variante entschieden und ihn zum Ni-
kotinsüchtigen gemacht, soll heißen, dass das Rauchen o-
der zumindest das quälende Verlangen nach Nikotin von
all den Süchten sozusagen noch übrig geblieben ist. Deshalb auch sein exzessiver Gebrauch (oder besser *Miss*-
brauch) von Nikotinpflastern. Die Suche nach den Hinter-
gründen zu den Morden in *A Study in Pink* klassifiziert
Holmes gegenüber Watson als „*Drei-[Nikotin-] Pflaster-
Problem*". Insofern hat er auch drei davon auf seiner Hand
kleben, als er über den Fall nachdenkt. Das Suchtmittel,
auch wenn es nur Nikotinpflaster sind, fungiert hier für
Holmes, ganz klassisch, als Stimulanz ein kriminalisti-
sches Problem zu lösen!

Am explizitesten beim Thema „*Sherlock und Sucht*"
wird man aber innerhalb der BBC-Serie dann im Special *The Abominable Bride* (2016; Die Braut des Grauens;
Regie: Douglas Mackinnon), in der sich Cumberbatch und
Freeman im viktorianischen England, also in der authenti-
schen Epoche des Wirkens von Holmes und Watson, wie-
derfinden. Zwar erweist sich das Ganze nur als Traumvision eines „zugedröhnten" Holmes, der am Ende dann in
der Gegenwart wieder aufwacht, doch gibt es da eine
Szene, die in der viktorianischen Zeit spielt, in der Holmes
jene „sieben-prozentige" Kokain-Lösung zu sich nimmt,

die ihn schon Arthur Conan Doyle in den Büchern hat konsumieren lassen.

Aber auch Sherlocks Bruder Mycroft Holmes wird in *The Abominable Bride*, als Teil von Sherlocks Traumvision, als verfetteter Mann gezeigt, der demnach mit starken Gewichtsproblemen zu kämpfen hat. Andeutungen bezüglich Mycrofts früheren Gewichtsproblemen finden sich ebenfalls immer mal wieder in der Serie.

Bevor ich mich hier aber zu sehr in Motiven und Details „verliere", sollte aber auch der Fortgang der Handlung von *A Study in Pink* nicht außer Acht gelassen werden :-)!

Also: Ein dem Opfer gehörender pinker Koffer wird von Holmes in der Nähe des Tatorts gefunden. Das Handy der Toten scheint aber der Mörder zu haben und mit einer SMS, die vorgibt, dass das Opfer noch lebt, soll der Mörder zu einem Treffpunkt in die Northumberland-Street gelockt werden. Auf den Weg dorthin setzen sich Holmes und Watson mit den zentralen Fragen den Mörder betreffend auseinander: *„Wer jagt mitten in der Menge?"*/*"Wem vertrauen wir, obwohl wir ihn nicht kennen?"*

Der Mörder muss also eine Figur sein, die sich an bevölkerten Plätzen aufhält, mitten auf belebten Straßen, aber dort eben aus irgendeinem Grund nicht auffällt.

In einem Restaurant, dessen zwielichtigem Besitzer Sherlock einmal geholfen hat, warten die beiden, ob der Mörder tatsächlich auftaucht.

Hier verwickelt Watson Sherlock, in Erinnerung an die seltsame „Entführung" des Doktors durch den Mann, der sich später eben als Mycroft Holmes erweist, in ein Gespräch über „*Erzfeinde*", die es laut Watson „im richtigen Leben nicht gibt". Das zentrale Motiv des „Erzfeindes", der in Holmes' Fall bekanntlich in der Gestalt von Moriarty auftaucht, wird hier schon vorweggenommen. Auch das Leitmotiv der „Langeweile", unter der Holmes leidet, aber letztendlich auch Watson, findet immer wieder Erwähnung.

Nun, die eventuell auftretende Langeweile hat sofort ihr Ende, als Holmes und Watson die Verfolgung eines Taxis aufnehmen, das plötzlich beim vereinbarten Treffpunkt erscheint. Bei dieser Verfolgung zeigen sich nicht nur die schon bei Arthur Conan Doyle erwähnten *außergewöhnlich guten* London-Kenntnisse von Holmes, die auch rein optisch, durch schnelle Schnitte und Überblendungen, atemberaubend dargestellt werden, sondern es kommt auch zu der bereits angesprochenen „Spontanheilung" von Watsons Hinken. Indem er seine Krücke einfach vergisst und losläuft, gehört das *tatsächlich* nur psychosomatische Hinken der Vergangenheit an!

Allerdings erweist sich die Konzentration der beiden auf den Fahrgast des Taxis, einen Amerikaner, als falsch, denn der Täter ist, wie sich später herausstellt, der Taxifahrer selbst. Dass der Mörder Taxifahrer ist, ist ein klarer Bezug zur literarischen Vorlage *A Study in Scarlet*, in der der Täter, der damaligen Zeit natürlich entsprechend, eine Droschke fährt. Da der Täter sowie die Opfer in *A Study in Scarlet* aus Amerika stammen und der Roman über einen *sehr* ausgedehnten „Amerika-Teil" verfügt, der sozusagen etwas erschöpfend die Vorgeschichte zum Londoner Geschehen beschreibt, ist der amerikanische Fahrgast in *Sherlock – A Study in Pink* als kleines amüsantes Spiel mit dem Inhalt der Vorlage zu sehen.

Bei einer „Pseudo-Drogenrazzia" in Sherlocks und Watsons Wohnung, die Lestrade aus Ärger darüber veranstaltet, dass Holmes den pinken Koffer zurückhält, lichtet sich dann der Fall endgültig.

Bei „Rachel[!]" handelt es sich um die vor 14 Jahren tot geborene Tochter der Journalistin Jennifer Wilson. Was aber ist die Botschaft hinter dem im Augenblick des Todes unvollständig in den Boden gekratzten Namen? Sherlock kommt zu der Erkenntnis, dass das Opfer ungeheuer „clever" war, denn es hat ihr Handy dem Mörder wohl untergeschoben und „Rachel" ist das Passwort zu diesem Handy, mit dem es auch geortet werden kann, womit die Rolle der modernen Medien in der Serie wieder deutlich wird.

Dass die Ortung seltsamerweise ergibt, dass sich das Handy *auch* in der Wohnung von Holmes und Watson befinden soll, ist dem Umstand geschuldet, dass der mordende Taxifahrer bereits in der Wohnung Baker Street 221B aufgetaucht ist und Sherlock mitnehmen will. Die Frage „*Wem vertrauen wir, obwohl wir ihn nicht kennen?*" ist für den Meister-Detektiv mit der Tatsache, dass der Mörder eben Taxi fährt, auf einen Schlag beantwortet und er lässt sich quasi dann von dem Mörder auch „freiwillig entführen".

Die Taxifahrt und das Geschehen danach werden zu einem Spiel mit der Neugier von Holmes, das gesamte Rätsel zu lösen.

Moriarty kommt bereits an dieser Stelle ins Spiel und es wird letztendlich klar, dass er auch das „kriminelle Mastermind" hinter dem mörderischen Geschehen ist. Der Taxifahrer erzählt Sherlock von einem „Fan", den der Detektiv angeblich hat. Durch Holmes' Website, die sich, wie schon erwähnt, mit der „Deduktion" auseinandersetzt, sei dieser „Fan" auf ihn gestoßen und habe Holmes Genie und Brillanz erkannt.

In einem leer stehenden Gebäude erläutert der Taxifahrer dann seine Vorgehensweise bei den Morden: Alle Opfer haben letztendlich Giftpillen geschluckt!

Dabei hätte sogar eine 50:50-Chance bestanden die Sache zu überleben, denn der Taxifahrer selbst hat jeweils immer die andere, harmlose Pille geschluckt, die die Opfer ihm sozusagen übriggelassen haben. Mit einem Hinweis auf diese 50:50-Chance und der damit verbundenen Rolle des *reinen Zufalls* weist Holmes den Mörder, der das Ganze auch noch mit einem „Schachspiel" vergleicht, darauf hin, dass er *nicht* das Genie ist, für das er sich hält.

Die Parallelen zur literarischen Vorlage sind hier einerseits die Giftpillen und die „höhere Gewalt", die bei dem Tod der Opfer letztendlich im Spiel ist (der Mörder in *A Study in Scarlet* spricht in diesem Zusammenhang nicht von Zufall, sondern von einer „Entscheidung Gottes"), andererseits ist der Mörder im Buch sowie in der Serie todkrank und leidet unter einem Aneurysma im Kopf, das ihn jederzeit umbringen kann. Im Buch sowie auch gewissermaßen in der Serie, wenngleich auch in der Serie auf eine bösartig-verquere Art, ist *Liebe* der Motivator für die

Morde. Jefferson Hope in *A Study in Scarlet* rächt den Tod seiner großen Liebe Lucy, während der Taxifahrer aus *A Study in Pink* für seine Kinder mordet, denn für jeden Mord erhält der Serienkiller offenbar von seinem „Sponsor" Moriarty Geld, das letztendlich den Kindern des Todgeweihten nach dem Ableben zukommen wird. Sherlock wird in diesen bizarren Deal, den der Mörder mit Moriarty hat, eingeweiht, allerdings fällt der Name „Moriarty" hier noch nicht, denn dieser Name darf sozusagen nicht ausgesprochen werden. Vorerst gibt es nur Hinweise auf dessen Organisation.

Nachdem Sherlock erkannt hat, dass die Waffe, mit der er von dem Taxifahrer bedroht wird, nicht echt ist, will er gehen, doch der Mörder lädt ihn trotzdem zum „Spiel" ein. Eine von Sherlocks Schwachstellen wird dadurch offengelegt: Auch ohne wirkliches Druckmittel seines Gegenübers lässt er sich scheinbar auf das besagte Spiel mit den Pillen ein, denn der Detektiv, der bekanntlich süchtig ist nach Nervenkitzel, würde alles tun, um sich nicht zu langweilen.

Der Mörder und mit diesem im Hintergrund natürlich Moriarty verführen Holmes zu Leichtsinn, sie spielen mit dessen Sucht, denn hier geht es um etwas, das man einfach nicht wissen kann oder durch die Deduktionsmethode seriös erschließen.

Watson bewahrt Holmes aber davor diesem Anfall von Leichtsinn nachzugeben und erschießt den Mörder, in der Manier eines durch das Militär geschulten Meisterschützen, aus einiger Entfernung, wobei kurze Zeit später nur Holmes auf Watson als Schützen schließt, nicht aber die Polizei.

Dr. Watson erweist sich also auch als wichtiges *Korrektiv* für Holmes und die Partnerschaft der beiden beginnt damit sozusagen offiziell, was auch Mycroft Holmes am Ende von *Sherlock 1.1. - A Study in Pink* feststellen muss.

Da Holmes dem Mörder vor dessen Tod aber noch den Namen „Moriarty" entlocken hat können, empfindet Sherlock so etwas wie „Vorfreude" auf den scheinbar bevorstehenden Zweikampf mit einem ebenbürtigen Gegner.

Die britische TV-Serie *Sherlock* markiert eine neue Ära bezüglich europäischer Fernsehserien und gilt zurecht als *eine der besten Mini-Serien aller Zeiten.*

Wie mehrmals angedeutet, ist auch die verwendete Filmsprache meisterlich. Splitscreen-Technik, Schwenks, schnelle Schnitte und Überblendungen sowie das Einblenden diverser Texte (Deduktionen/SMS-Texte) dominieren.

Der Soundtrack ist sehr eingängig und das musikalische „*Sherlock-Leitmotiv*" ist im TV extrem oft irgendwo im Hintergrund zu hören und somit sicherlich auch Teil des kollektiven Unterbewussten geworden.

Der eigenwillige Vorspann, der vor allem auch die Stadt London faszinierend verfremdet darstellt, ist sehr kunstvoll und steht diversen „*Vorspann-Meisterwerken*" amerikanischer Serien (man denke hier an *Six Feet Under*, an *Dexter* oder an *True Detective*) in nichts nach.

Als wahrer Glücksfall hat sich natürlich auch die Besetzung der beiden Hauptfiguren erwiesen: Benedict Cumberbatch ist auf Grund seines leicht altmodisch-aristokratischen Aussehens, seiner Größe und seiner eindrucksvollen originalen Sprechstimme natürlich ein *Glücksfall* als Sherlock Holmes. Der schwarze Mantel, den er meistens trägt, und seine meist etwas fahle Gesichtsfarbe tun ihr Übriges, um dieser faszinierenden Neuinterpretation der Detektiv-Figur ein einprägsames Erscheinungsbild zu verpassen. Vergessen darf man aber auch auf keinen Fall Martin Freeman, der als Dr. Watson einen kongenialen Partner abgibt und die Rolle etwas sensibler und subtiler anlegen darf als viele seiner Vorgänger. Er ist mehr als nur ein „Stichwortgeber" für den genialen Holmes, sondern vielmehr dessen Verbindung zur Außenwelt sowie auch sein Gegenpart und „moralischer Kompass", wenn Holmes anfängt *zu* unmenschlich oder *zu* überheblich zu agieren oder es wieder einmal komplett an Anstand fehlen lässt.

Ein „echter Hit" und *das* Highlight der gesamten ersten zwei Staffeln ist aber, wie schon erwähnt, zweifellos Andrew Scotts Jim Moriarty. Dieser Bösewicht bleibt einem wahrlich dauerhaft im Gedächtnis! Physisch, mit all der Verrücktheit, Bedrohlichkeit und Gefährlichkeit, die Scott dieser Figur zu verleihen mag, taucht er aber, wie bereits gesagt, erst in *The Great Game* (2010; Das große Spiel; Regie: Paul McGuigan) auf, dem dritten und letzten Teil von Staffel 1.

(April 2017)

Roman Polanskis **Chinatown** (1974) - Der angeblich „*best film of all time*"

Haben Sie sich schon einmal gefragt, ob es den perfekten Film gibt?

Nun, schenkt man einem Voting des *Guardian* aus 2010 Glauben, so ist Polanskis Krimi-Klassiker *Chinatown* von 1974, mit Jack Nicholson, Faye Dunaway und John Huston, ein Film, der zumindest in den Bereich „*near perfection*" kommt.

Ich muss zugeben, dass mich dieser Film einmal Mitte der Neunziger fast in eine Form von „Film-Liebhaber-Verzweiflung" getrieben hat, denn er schien damals einfach ums Verrecken nicht im Fernsehen zu laufen! Damals hatte nämlich eine Kritik in der Zeitschrift *TV-Movie*, die den Film als „*ein Meisterwerk*" und als einen „*Jahrhundertfilm*" bezeichnete, meinen *cineastischen Jagdinstinkt* geweckt und ich wollte das Werk unbedingt sehen. Aber es hatte den trüben Anschein, dass er außer in jener Woche eben, wo *TV-Movie* ihn damals eben auch rezensiert hat, so gut wie nie im Fernsehen gezeigt wurde. Und auf Video schien er, in der Zeit *vor* dem Online-

Handel, den DVDs und dem Streaming oder dergleichen, mehr als schwer zu bekommen zu sein.

Mit dem permanenten Gefühl im Hinterkopf, dass es sich bei *Chinatown* um ein wahres, also zeitloses, Filmjuwel handeln würde, das man unbedingt gesehen haben musste, noch dazu war ich in den Neunzigern, so wie eigentlich auch heute noch, ein großer Fan der Filme von Roman Polanski, blieb mir nur noch eine Kindheitserinnerung.

Warum Kindheitserinnerung?

Tja, irgendwann in den Achtzigern hatte ich nämlich *Chinatown* einmal im Fernsehen gesehen. Natürlich konnte ich mich nicht mehr *wirklich* an Einzelheiten erinnern, aber an Jack Nicholson und sein Nasenpflaster, Nicholson rennt ja als Privatdetektiv J. J. Gittes mit aufgeschlitzter Nase durch weite Teile des Films, konnte ich mich sogar relativ genau erinnern. Das Werk musste also schon damals einen recht starken Eindruck in mir hinterlassen haben.

Eines Tages war es dann doch so weit und ich konnte diesen „*Meilenstein der Filmgeschichte*", dieses „*faszinierende Meisterwerk*", wie es *kino.de* nannte, betrachten. Und ganz ehrlich, vor lauter Voreingenommenheit war ich gar nicht mehr in der Lage mir den Film objektiv anzusehen und war lediglich froh, dass ich den Makel, *ausgerechnet* diesen Polanski-Film nicht zu kennen, von meiner Liste streichen konnte.

Heute aber, da ich das Werk, das im Übrigen auf so ziemlich allen Genre übergreifenden Bestenlisten vorkommt, die es im Bereich des Films so gibt, mit einer gewissen „Reife" beurteilen kann, muss man sagen: Ja, das *gesamte* Werk ist tatsächlich eine *Glanzleistung*, so wie es der berühmte US-Filmkritiker Roger Ebert in seinem Buch *Roger Ebert's Movie Home Companion* (1985) einmal ausgedrückt hat.

Chinatown besitzt in der Tat eine Eleganz, was die Machart betrifft, die aus meiner Sicht kaum zu überbieten ist oder die ich *so* bei fast keinem anderen Film kenne.

Neben Polanskis sicherlich virtuosen Inszenierung des Geschehens sticht vor allem John A. Alonzos Kameraarbeit hervor, der für diese damals zweifellos einen Oscar verdient hätte. Überhaupt sind das Licht und der Bildaufbau bemerkenswert und erzeugen eine einzigartige Atmosphäre, die das Los Angeles der Dreißigerjahre wiederauferstehen lässt, ohne dabei aber altbacken oder „retro" zu wirken.

Robert Townes Oscar-prämiertes Drehbuch ist sagenumwoben und gilt ja irgendwie als Musterbeispiel dafür, wie man einen gelungen Neo-Film Noir-Plot konstruiert, nur muss ich sagen, dass die Geschichte hier nicht unbedingt das ist, was den Film ausmacht, denn glücklicherweise ist die Erzählweise von *Chinatown* so einnehmend, dass man diese ganze „Los Angeles Wasser-Geschichte", die den Hintergrund bildet, eigentlich schnell vergisst, aber natürlich nicht den eigentlichen spektakulären Punkt der Geschichte, nämlich, dass Evelyn Mulwray (Faye Dunaway) in der Tat eine gemeinsame Tochter mit ihrem Vater, gespielt von John Huston, hat! Die „*Sie ist meine Schwester! Sie ist meine Tochter! Sie ist meine Schwester **und** meine Tochter!*"-Szene ist natürlich das Highlight des gesamten Films.

Zu den Schauspielern: Jack Nicholson war 1974 noch nicht so ein großer Star wie etwa 1975 (nach Milos Formans *One Flew Over the Cuckoo's Nest*/dt.: Einer flog über das Kuckucksnest) oder gar später und seine Perfomance ist in der Tat angenehm zurückhaltend, soll heißen, er präsentiert uns nicht inflationär seine später üblichen „Filmstar-Manierismen", für die er ja schließlich in der Folge hoch bezahlt wurde, die aber mit der Zeit sicherlich vorhersehbar wurden.

Faye Dunaway spielt die atemberaubend schöne, aber letztendlich durch den schweren Inzest-Fall natürlich psychisch zerstörte Dame aus bester Gesellschaft ganz hervorragend. Man hat die Dunaway nie besser gesehen. Ihre Auseinandersetzungen mit Polanski am Set, der Dunaway später oft die „Meschuggene" nannte, scheinen der Schauspielerei nicht geschadet zu haben, ganz im Gegenteil.

Das Herzstück der Besetzung ist aber Film-Regie-Legende John Huston, der Faye Dunaways Vater Noah Cross spielt und der in seiner doch recht geringen Leinwand-Zeit aber eine derart unangenehme Aura zu verbreiten imstande ist, dass es einen gruselt. Überhaupt hat man das Gefühl, dass Huston hier nicht als Schauspieler zugegen ist, sondern dass er seine ganze Macht und Präsenz als legendärer Filmregisseur in die Rolle gelegt hat. Man muss beim Betrachten ständig daran denken, *mir* geht es jedenfalls so, dass es sich hier um den Mann handelt, der das Hollywood-Kino mit erfunden und der Humphrey Bogart einst mit dem „Malteser Falken" (*The Maltese Falcon*; 1941) zu Starruhm verholfen hat oder der Filmklassiker wie den „Schatz der Sierra Madre" (*The Treasure of the Sierra Madre*; 1947) oder *African Queen* (1951) oder *The Misfits* (1961; Misfits), Marylin Monroes letzten vollendeten Film, gedreht hat.

Wie auch immer, *Chinatown* sollte leider Polanskis

letzter US-Film bleiben. Die Gründe dafür verfolgen den Polen bis heute, denn eine „äußerst folgenschwere Nummer im Swimmingpool von Jack Nicholson" mit einer Minderjährigen, so hat es jedenfalls einmal ein Journalist ausgedrückt, trieb Polanski dazu, aus den Staaten zu flüchten und sich in Frankreich niederzulassen, wo er von da an weiterarbeitete.

Einen so guten Film wie *Chinatown* hat er meiner Meinung nach nie mehr gedreht.

(August 2017)

Alfred Hitchcocks **Psycho** (1960): *Wenn ein Film zum kulturellen Phänomen wird...*

Wie soll man einem Film begegnen, der es schafft, zu einem kulturellen Phänomen zu werden?

Hin und wieder passiert es, dass Werke der Kunst, Bücher, Musikalben oder eben Filme, Bedeutungen erlangen, die *weit* über die an sich ja doch stets beschränkten oder eingeschränkten Wirkungsbereiche der jeweiligen Kunstform hinausgehen. Soll heißen: Die Werke oder zumindest Aspekte daraus werden Teil des kollektiven Bewusstseins und schaffen es beispielsweise sogar, die hartnäckigsten „Nicht-Kino-Geher" hinterm Ofen hervorzulocken. Quentin Tarantinos *Pulp Fiction* aus dem Jahr 1994 war etwa so ein Film und als ich irgendwann im Jahr 1995 in einem Grazer Kino in einer Spätvorstellung saß, konnte ich mich davon selbst überzeugen, denn dort erlebte ich das erste und einzige Mal, dass nach einer ganz normalen Kinovorstellung *geklatscht* wurde. Der Film hatte wohl damals den *Zeitgeist* getroffen beziehungsweise einen neuen begründet, ein Kunststück, das der Band *Nirvana* 1991 mit ihrem

Album *Nevermind* zuvor schon in der Musikwelt gelungen war, und das Publikum, einschließlich ich selber, dankten es ihm eben mit „ungewöhnlichen Begeisterungskundgebungen".

Ein diesbezüglicher Coup gelang, in jüngerer Vergangenheit, sicherlich auch den Machern des James Bond-Films *Casino Royal* (2006; Regie: Martin Campbell), der es wahrlich geschafft hat, ganz neue Publikumsschichten zu erobern. Das Phänomen Bond schien plötzlich selbst bei dem „vorsichtigsten", skeptischsten und ansonsten bei massentauglicher Ware die Nase rümpfenden akademischen Publikum offiziell angekommen zu sein. Ganz ehrlich, es war, für mich als langjährigen Bond-Fan, fast zum Schmunzeln, wer sich plötzlich alles angeblich dafür wirklich interessierte und sich eifrigst in das „Bond-Universum" hineinarbeitete :-). Aber wie gesagt, *das* muss ein Film auch erst mal bewirken können...

Aber nun zu Alfred Hitchcocks Meisterwerk *Psycho*.

In den Achtzigern, ich erinnere mich genau, schien der Film oder dessen Einfluss irgendwie noch allgegenwärtig zu sein. Begriffe wie „Norman Bates" oder „Bates Motel" und natürlich die legendäre, ikonische Duschszene waren

Allgemeingut und *Psychos* Einfluss auf das Thriller-Genre schien ungebrochen massiv und übermächtig. Hitchcock-Epigonen wie Brian De Palma versuchten mit ihren inszenierten Filmmorden, wie etwa in *Dressed to Kill* (1980), die Ermordung von Marion Crane, gespielt von Janet Leigh, in der Dusche in Bates Motel irgendwie zu toppen, ohne dabei deren Brillanz und Schockpotential auch nur annähernd zu erreichen. Wenn man so will, wird der Mord in der Dusche immer der „*beste Mord der Filmgeschichte*" bleiben!

Auch ich persönlich konnte mich der legendären, geheimnisvollen Aura, die den Film umgab, natürlich wieder mal nicht entziehen, und die Teile, die ich daraus zu sehen bekam, vor allem natürlich Sequenzen aus der Duschszene oder Aufnahmen von Norman Bates gruseligem Wohnhaus, regten meine Fantasie und auch meinen Schrecken an. Aber wieder einmal war es dann auch so, dass ich, als ich den Film dann zum ersten Mal in voller Länge sah, irgendwie enttäuscht war, denn die enorme Erwartungshaltung, die sich über die Jahre in mir aufgebaut hatte, konnte sozusagen „der Film aller Filme" oder „der Thriller aller Thriller" nicht erfüllen. Im Gegenteil, andere Hitchcock-Filme, wie *Rear Window* (1954; Das Fenster zum Hof) oder *Vertigo* (1958; Vertigo – Aus dem Reich der Toten), bis heute übrigens zwei meiner *absoluten* Lieblingsfilme, hatten mich mehr beeindruckt und auch weit mehr unterhalten.

Heutzutage allerdings, im Jahr 2017, vor allem nach einer erneuten privaten „DVD-Mitternachtsvorstellung", ist mein Blick auf dieses kulturelle Phänomen, das *Psycho* immer zu sein schien, klarer.

Ich glaube, es ist keine Übertreibung zu behaupten, dass Alfred Hitchcock in den Fünfzigerjahren des letzten Jahrhunderts bis hinein in die frühen Sechzigerjahre einen gewaltigen „Lauf" hatte, wie wahrscheinlich kein Regisseur vor oder nach ihm (na ja, mit Ausnahme vielleicht von Steven Spielberg :-)). Nacheinander entstanden *Allzeit*-Klassiker wie *Dial M for Murder* (1954; Bei Anruf Mord), *The Man Who Knew Too Much* (1956; Der Mann, der zu viel wusste), *Rear Window* (1954), *To Catch a Thief* (1955; Über den Dächern von Nizza), *Vertigo* (1958), *North by Northwest* (1959; Der unsichtbare Dritte) oder eben *Psycho* (1960) und schließlich *The Birds* (1963; Die Vögel). Eine unglaubliche Liste, alles *Filme für die Ewigkeit*!

Der Schwarzweißfilm *Psycho* allerdings stellte, inmitten dieser erlesenen Filmographie, zusätzlich etwas Besonderes dar, denn dabei handelt es sich schließlich auch um den Ur-*Psycho*thriller schlechthin. Wahrscheinlich kommt der ganze Genre-Begriff von Hitchcocks damaliger „Low Budget-Produktion", aber nur wenige Filme verdienen die Bezeichnung „Psychothriller" mehr als *Psycho* selbst, vielleicht nur mehr Roman Polanskis in Großbritannien entstandenes Werk *Repulsion* (Ekel) aus dem Jahre 1965.

Insgeheim hat der Regie-Gigant Hitchcock aber fast den ersten Film des „New Hollywood" gedreht, Jahre oder fast ein Jahrzehnt bevor dieser Begriff auch nur aktuell war.

Warum?

Die Antwort liegt meines Erachtens vor allem in der bemerkenswerten schauspielerischen Leistung von Anthony Perkins!

Während die restlichen Schauspieler noch mehr in der üblichen Spielart der Fünfzigerjahre verhaftet scheinen, gibt uns Perkins keinen 08/15-Psychopathen, sondern in der Tat einen „unglaublichen Freak" und schafft es in jeder Bewegung, mit jeder Faser seines Körpers, mit jedem Augenaufschlag, eine abnorme Persönlichkeit zu porträtieren. Bates' verrückte Welt, sein bizarres, abartiges Denken werden durch Perkins virtuose Leistung auf *unheimliche* Weise greifbar. So einer Person möchte man auf keinen Fall begegnen oder in die Hände fallen!

Ganz und gar nicht „Old Hollywood"-like ist zum Beispiel auch die ungewöhnliche Tatsache, dass die vermeintliche weibliche Hauptfigur, Marion Crane, schon nach etwa 45 Filmminuten unter der Dusche ihr Ende findet. Die Identifikationsfigur, der man vielleicht die Tatsache, dass sie 40.000 $ unterschlagen hat, sogar nachsieht, wird von der Leinwand gnadenlos entfernt. Auch Janet Leighs *unvergesslicher* Blick, kurz bevor sie stirbt, diese Mischung aus Verzweiflung und Überraschung angesichts der brutalen Messerattacke, ist einzigartig und wirkt für die damalige Zeit ungeheuer modern, wie der Beginn eines *neuen inszenatorischen Zeitalters.* Wobei das Treffen auf und die Ermordung durch Norman Bates, der ja bekanntlicher- und morbiderweise als seine Mutter verkleidet mordet, sozusagen die finale Höchststrafe für die Figur der Marion Crane ist, die zuvor schon von einigen unangenehmen, ihr schlechtes Gewissen in Bezug auf die Straftat symbolisierenden, Figuren, wie zum Beispiel einem penetranten Streifenpolizisten, verfolgt wird.

Nun, gibt es vielleicht einen Schwachpunkt von *Psycho*?

Ja, den gibt es!

Der einzig nervige Aspekt von *Psycho* ist meines Erachtens der abschließende Vortrag des Psychiaters, der Bates untersucht hat. Es ist einem schon klar, dass man dem Publikum Bates' Störung, dessen Identifikation mit seiner Mutter, die diesbezüglichen Hintergründe usw., irgendwie noch einmal erklären wollte, nur ist der Vortrag entschieden *zu lang* geraten! Ich bin überzeugt, auch eine kürzere Abhandlung über Persönlichkeitsstörungen hätte es, selbst im Jahr 1960, getan.

Am Ende ist und bleibt *Psycho*, auch nach 57 Jahren, aber ein absoluter „*landmark film*", dessen unangenehmer Horroratmosphäre man sich nicht oder nur sehr schwer entziehen kann. Wobei gesagt werden muss, dass der Film, der immer wieder auch zum „*besten Horrorfilm aller Zeiten*" gekürt wurde, kein Horrorfilm ist, sondern eben tatsächlich ein psychologischer Thriller mit unvergesslichen, auch filmtechnisch natürlich brillant ausgeführten, Schockmomenten.

Andererseits: Gibt es etwas, das noch gruseliger oder horrorartiger ist als jener Raum im Hotel mit den zahlreichen ausgestopften Vögeln?

Ich finde, diese riesige, an der Wand befestige Eule mit den ausgebreiteten Flügeln ist der Stoff, aus dem die *wahren* Alpträume sind...

(August 2017)

Francis Ford Coppolas **Apocalypse Now Redux** (1979; 2001) oder: *Wann zum Teufel kommt endlich Marlon Brando?*

Was ist die *beste Eröffnungssequenz* der Filmgeschichte?

Abgesehen davon, dass sich vielleicht nur wenige überhaupt so eine Frage stellen :-), lautet die Antwort für mich darauf auf jeden Fall: Die *Eingangssequenz* von Francis Ford Coppolas Filmklassiker *Apocalypse Now* aus dem Jahr 1979!

Sie erinnern sich?

Genau!

Aufblende: Dschungel, dann gelber Nebel, dann Napalm, das den Dschungel entflammt, dann Hubschrauber, die durchs Bild fliegen, und schließlich in der Überblendung Martin Sheen, der in seinem Hotelzimmer in Saigon schon anfangs ziemlich durch den Wind scheint. Aber das Wichtigste dabei: Natürlich die Musik von den *Doors* („*This ist the end/My only friend the end...*"), die dem ganzen Film gleich von Beginn an diese *hypnotisierende, fieberhafte, leicht psychedelische* Note verleiht, die ihn von sogenannten anderen prominenten Anti-Kriegsfilmen und Vietnam-Filmen, wie etwa Oliver Stones *Platoon* (1986) oder Stanley Kubricks *Full Metal Jacket* (1987) oder gar Michael Ciminos *The Deer Hunter* (1978; Die durch die Hölle gehen), abhebt.

Coppola sei, so hieß es damals in den Medien, wie „Colonel Kurtz" ja schließlich bereits bei seinem eigentlichen Schöpfer Joseph Conrad, der mit *Heart of Darkness* (dt. Titel: Herz der Finsternis) 1899 die literarische Vorlage zu *Apocalypse Now* geliefert hatte (wenn man es ganz genau nimmt, basiert der Film im Grunde *nur* auf *Motiven* aus Conrads großartiger Erzählung), auf den Philippinen, wo die Dreharbeiten stattfanden, größenwahnsinnig geworden und habe sich in einem monströsen Projekt verloren, ähnlich wie ein paar Jahre vorher und wiederum ein paar Jahre später der deutsche Regisseur Werner Herzog bei *Aguirre – Der Zorn Gottes* (1972) und bei *Fitzcarraldo* (1981).

Nun, was genau damals bei den Dreharbeiten, die bereits 1976 begonnen hatten, alles passiert ist, werden wir nie erfahren, auch wenn es da zahlreiche Schilderungen und sogar eine berühmte Dokumentation von Coppolas Frau Eleanor (*Hearts of Darkness: A Filmmaker's Apocalypse*/dt. Titel: *Reise ins Herz der Finsternis*; 1991) darüber gibt. Aber Coppolas Aussage „Mein Film handelt nicht von Vietnam, er *ist* Vietnam" spiegelt wohl auch ein wenig die Entstehungsgeschichte wider. Sowie wahrscheinlich auch Brandos/Kurtzs berühmte Schluss- und Sterbensworte: „*The horror. The horror.*"

Fest steht jedenfalls: Bis Marlon Brando auftaucht, und das war innerhalb des Films schon immer ganz *furchtbar* spät und ist bei der von Coppola überarbeiteten und um 49 Minuten erweiterten Fassung des Films (*Apocalypse Now Redux*; 2001) dementsprechend noch *viel* später, ist *der Film selbst* der Star.

Dann wird, wie üblich möchte man sagen, alles von der Legende Brando und seiner, ebenfalls monströsen und daher mehr als gut in den Film passenden, physischen Präsenz förmlich *absorbiert*. In einem Film, in dem alle Figuren verrückt sind, bildet Kurtz sozusagen die Speerspitze dessen, was Krieg in den Köpfen von Menschen anrichten kann. Brandos vergleichsweise kurzer Auftritt steht dabei sicherlich ganz in der Tradition seiner überbezahlten Leinwand-Kurzauftritte in den späten Siebzigern, wie etwa in

Richard Donners *Superman* (1978), bei denen die Filmemacher sozusagen von Brandos Legendenstatus profitieren konnten. Allerdings bleibt sein Auftritt als „psychopathischer Koloss" mit kahlem Haupt in *Apocalypse Now*, der zweiten Zusammenarbeit zwischen Coppola und Brando, nach dem legendären *The Godfather* (1972; Der Pate) natürlich, für mich und für viele andere unvergessen. Wobei Brando ja nicht einmal viel Text hat, aber was er sagt, hat, dank seiner Präsenz und seiner (Original-) Stimme, eine bemerkenswerte und beklemmende Wucht.

Beispiel gefällig?

KURTZ

Es ist unmöglich mit Worten zu beschreiben, was notwendig wäre für jene, die nicht wissen, was das Grauen bedeutet.

Das Grauen hat ein Gesicht.

Und man muss sich das Grauen zum Freund machen.

Das Grauen und der moralische Terror sind deine Freunde.

Falls es nicht so ist, sind sie deine gefürchteten Feinde.

Sie sind deine wirklichen Feinde.

(It's impossible for words to describe what's necessary
to those who do not know what horror means.
Horror.
Horror has a face.
And you must made a friend of horror.
Horror and moral terror are your friends.
If they are not, then they are enemies to be feared.
They are truly enemies.)

Nun noch ein paar Worte zum eigentlichen Film, der tatsächlich, vor allem in der Langfassung von 194(!) Minuten, die ja nun als Standardfassung gilt, ein wahres Film-*Monstrum* ist, das man nicht so einfach verdaut und das mich beim letzten Betrachten gleich drei Abende gekostet hat :-).

Das wirklich Innovative an *Apocalypse Now* ist meines Erachtens, dass Coppola nicht nur „verrückte Dinge" zeigt, die im Krieg passieren können, sondern einen ganzen Haufen *„durch den Krieg verrückt gewordene Menschen, die im Krieg verrückte Dinge tun"*. Der Wahnsinn ist überall im Film greifbar, egal, ob man mit einem Befehlshaber konfrontiert wird, dessen einziges Interesse nur mehr darin zu bestehen scheint, Angriffe auf vietnamesische Dörfer dafür zu nutzen, selbst am Rande des Geschehens surfen zu gehen, und der seine Hubschrauber-Flotte dazu nötigt, bei diesen Angriffen laut Richard Wagner zu spielen, oder ob man auf französische Plantagenbesitzer trifft, in denen die ganze Indochina-Geschichte merklich tiefe psychische Spuren hinterlassen hat.

Martin Sheen, der Mann, der, gemäß seinem Auftrag, als „Captain Willard" mit seinen Soldaten sozusagen den Fluss entlang und bis nach Kambodscha fährt um Kurtz zu finden, macht seine Sache sicherlich ebenfalls gut, wirkt aber, im Vergleich zu Brando, etwas austauschbar und tatsächlich etwas wie die zweite Wahl, die er ja schließlich auch war, denn ursprünglich hätte angeblich Harvey Keitel diesen Willard spielen sollen.

Ach ja, übrigens noch ein bemerkenswertes Detail am Rande: Harrison Ford, ja – *der* Harrison Ford (beim Erscheinen des Films längst als Han Solo aus George Lucas' *Star Wars*/dt. Titel: *Krieg der Sterne* weltberühmt), spielt zu Beginn des Films eine kleine Rolle als Colonel, in der er Martin Sheen dessen Auftrag näherbringt und erklärt. So können sich die Bedeutungen von Mitwirkenden verändern, wenn man sich beim Drehen ewig Zeit lässt :-).

Aber wie auch immer: *Apocalypse Now* besteht, in der ursprünglichen sowie in der längeren Fassung, aus einer

Aneinanderreihung unvergesslicher *Einzelszenen*, die, aus heutiger Sicht, weit weniger „*surreal und seltsam*" wirken, als man es dem *Palme D' Or*-Gewinner von 1979 ursprünglich zugeschrieben hat.

(September 2017)

Drunken Master 2

(1994; Regie: Lau Ka Leung) oder: *Warum Jackie Chan einer der größten Filmstars aller Zeiten ist*...

I

Tote Legenden gibt es naturgemäß jede Menge. Aber gibt es noch lebende?

Nun, Hongkongs Kampfkunst- und Filmikone Jackie Chan ist zweifellos so eine lebende Legende – und zwar eine, die mich, wenn ich es recht bedenke, tatsächlich schon mein ganzes Leben lang begleitet, da ich irgendwie nie aufgehört habe ein Fan von „Jackie" zu sein, der in seinen Werken stets so ganz anders daherkam, als der von mir als Jugendlicher maßlos verehrte Bruce Lee (1940-1973), der aber in seinen bekannterweise gerade einmal 4 ½ Filmen (1971: *The Big Boss*/dt.: Die Todesfaust des Cheng Li; 1972: *Fist of Fury*/dt.: Todesgrüße aus Shanghai; 1972: *Way of the Dragon*/dt.: Die Todeskralle schlägt wieder zu; 1973: *Enter The Dragon*/dt.: Der Mann mit der Todeskralle; 1978: *Game of Death*/dt.: Mein letzter Kampf) aber zugegebenermaßen immer etwas Düsteres, Ernsthaftes, Brutales an sich hatte.

Wenn andere vom „Soundtrack ihres Lebens" sprechen, so muss ich sagen, dass Jackie Chan dann wohl sozusagen zur „Filmographie meines Lebens" dazugehört. So waren es also bereits die alten VHS-Videotheken-Zeiten der 80er-Jahre, in denen ich das erste Mal mit Filmen dieser wirklich erstaunlichen Figur der Filmgeschichte, wie dem legendären *Drunken Master* (1978; Sie nannten ihn Knochenbrecher; Regie: Yuen Woo Ping), dem formidablen, mit unvergesslichen Actionszenen (man denke nur an den legendären Sprung Chans von der Turmuhr!) nur so vollgepackten *Project A* (1983; Der Superfighter; Regie: Jackie Chan) oder mit *Police Story* (1985; Regie: Jackie Chan), den viele, auch ich, für einen der *tollsten Action-Filme aller Zeiten* halten, oder mit der unterhaltsamen *Indiana Jones*-Hommage *Armour of God* (1986; Der rechte Arm der Götter; Regie: Jackie Chan), konfrontiert wurde.

Nur von sehr wenigen Filmschauspielern kann man sagen, wie beispielsweise von Buster Keaton, Charlie Chaplin, Jerry Lewis oder auf jeden Fall auch von Bud Spencer und Terence Hill, dass sie ein *eigenes* Film-Genre begründet haben. Jackie Chan jedenfalls, mit seinen „Jackie Chan-Filmen", jener absolut unverwechselbaren und auch eigenwilligen Mischung aus Comedy/Klamauk, wahnwitzigen, akrobatischen Action-Szenen und (von Chan selbst ausgeführten!) Stunts sowie realistischen Kampfszenen, gehört zu diesem illustren Kreis. Sozusagen der Einfachheit halber heißt Chan ab einem gewissen Zeitpunkt dann ohnehin in den meisten seiner Filme überhaupt nur mehr „Jackie", der ultimative Ausdruck dafür, dass hier Schauspieler und Filmfigur kaum mehr zu trennen sind, eine Tatsache, die die Legendenbildung um Jackie Chan sicherlich entscheidend beeinflusst und mitgeprägt hat. Ein wahrer Coup in punkto Legendenbildung ist aber auch das seit den frühen 80er-Jahren, nämlich seit dem allerdings etwas durchwachsenen *Dragon Lord* (1982; Regie: Jackie Chan), von Chan verwendete „Blooper Reel" mit misslungenen Takes am Ende jedes Films. Diese Outtakes zeugen nicht nur von den zahlreichen und auch teilweise sehr ernsten, unter Fans wahre Berühmtheit erlangten, Verletzungen, die sich der Schauspieler im Laufe seiner Karriere zugezogen hat, sondern auch ein wenig davon, wie aufwendig das Arrangieren der seit 1983, seit *Project A*, von Chan eingeführten „Superstunts" ist, die stets zu den Höhepunkten jedes Films gehören. Der in *Project A* gezeigte Sprung vom Zeiger einer Turmuhr (im Übrigen eine Hommage an Buster Keaton) in die Tiefe bleibt auch für mich unübertroffen. Denkwürdig für mich ganz persönlich, neben zahlreichen anderen „Superstunts", wie etwa dem Sprung auf eine Strickleiter, die an einem fliegenden Helikopter hängt, in *Police Story 3: Supercop* (1992; Police Story 3 - Supercop; Regie: Stanley Tong), bleibt aber auch jene Verfolgungsszene in *Winners and Sinners* (1982; Regie: Samo Hung), in der Chan auf Rollschuhen und auf unglaublich akrobatische Art und Weise einem Auto hinterherjagt, was letztendlich in einem der größten Massen-Auto-Crashs der Filmgeschichte endet – *unbedingt* ansehen!

Unvergesslich und Kult für jeden Fan sind natürlich Chans Duelle und Fights mit diversen Gegnern, die zum Teil eine wirklich mitreißende Energie auf der Leinwand entfachen, die sich, zumindest aus meiner Sicht, auch nach Jahrzenten und auch nach wiederholtem Sehen nicht abzunützen scheint.

Unübertroffen dabei ist zweifellos der Fight zwischen Jackie und Benny „The Jet" Urquidez, einem amerikanischen Kickboxer und zeitweiligen Bodyguard von Gitarren-Genie Eddie Van Halen, in dem Film *Wheels on Meals*

(1984; Powerman), einer Regiearbeit von Chans „großem Bruder" und auch Schauspielkollegen Samo Hung, einer weiteren *zentralen* Figur des Hongkong-Kinos und einem der besten Martial Arts-Choreographen überhaupt. Auch Chan selbst hält diesen Kampf übrigens in seiner lesenswerten Autobiographie *I Am Jackie Chan* (1998; dt. Titel: Jackie Chan – Ein Leben voller Action), die seinem alten Meister aus den Tagen an der *China Drama Academy*, Yu Jim-Yuen, gewidmet ist, für seinen besten. Aber auch die Wiederauflage dieses Kampfes mit Urquidez in *Dragons Forever* (1988; Action Hunter; Regie: Samo Hung), der letzten Zusammenarbeit der, wie Chan selbst es bezeichnet, „drei Brüder", gemeint sind dabei er selbst sowie Samo Hung und der Schauspieler Yuen Biao, weiß einen fast ebenso zu begeistern.

Man könnte hier noch eine ganze Reihe denkwürdiger, auf Zelluloid gebannter Fights aufzählen. Erwähnen muss ich aber unbedingt den wahrlich epischen und größtenteils mit einem Weitwinkelobjektiv aufgenommenen Zweikampf zwischen Chan und dem Hapkido-Experten Whang Inn-Sik in dem klassischen Kung Fu-Film *The Young Master* (1980; Meister aller Klassen; Regie: Jackie Chan) und meinen *Geheimfavoriten*, einen Fight aus *Police Story 2*

(1988; Regie: Jackie Chan), den Chan in seiner Autobiographie mit „Kinderspiele" betitelt hat und wo er eine ganze Reihe von Gangstern auf einem Kinderspielplatz fertig macht, indem er Schaukeln, Wippen und andere Spielgeräte gegen sie einsetzt. Diese ganze Spielplatz-Kampf-Szene in *Police Story 2* ist phantastisch und wirkt in der Tat, wie Chan selbst meint, „wie ein komplizierter Tanz"!

II

1995 las ich im Kino-Teil einer Zeitung, dass der Jackie Chan-Film *Rumble in the Bronx* (1995; Regie: Stanley Tong) die US-Kinocharts anführt. Eine Tatsache, die mich damals wirklich sehr freute, denn *ich* hatte es natürlich schon immer gewusst: Der phantastische Mann aus Asien mit dem freundlichen Gesicht, in dem ganz plötzlich, wenn er im Film in Bedrängnis gerät, so viel *Energie* sichtbar werden kann, mein alter Videotheken-Held, hatte es, nach ein paar Anläufen, also doch noch geschafft und auch den schwierigen US-Markt erobert! Wobei ich anmerken muss, dass ich von dem Kapitel, das Ende der 90er-Jahre auch für „ältere Jackie Chan-Fans" dann so wirklich aktuell wurde, nämlich „Jackie und Hollywood", gemeint sind dabei vor allem natürlich die *Rush Hour*-Trilogie von Brett Ratner (1998; 2001; 2007) sowie *Shanghai Noon* (2001; Regie: Tom Dey) und *Shanghai Knights* (2003; Regie: David Dobkin), nicht unbedingt ein Fan bin, denn da sind mir seine Hongkong-Filme, die eben nicht das Korsett der US-Filme tragen müssen, doch weit lieber.

Chans beste Arbeit in den 90-Jahren war aber ganz gewiss nicht der eher öde *Rumble in the Bronx*, sondern die 1994 entstandene Fortsetzung seines ersten Superhits, der bahnbrechenden Kung Fu-Comedy *Drunken Master* (1978), deren gängiger deutscher Titel *Sie nannten ihn Knochenbrecher* zugegeben etwas brachial klingt. *Drunken Master* war Ende der 70er-Jahre aber nicht nur für Chans Karriere entscheidend, sondern auch dafür, dass sich das Hongkong-Kino endlich von der Krise erholen konnte, in die es durch den frühen Tod des großen Bruce Lee geraten war. Der Film, mit seiner neuartigen Mischung aus Gags und entfesselten, durch Chans unglaubliche akrobatische Fähigkeiten getragenen, Kämpfen, wurde, zusammen mit seinem ein Jahr vorher entstandenen „filmischen Vorgänger", dem aus meiner Sicht nicht weniger gelungenen *Snake in the Eagles Shadow* (1977; Die Schlange im Schatten des Adlers; Regie: Yuen Woo Ping), in dem Chans

Charisma das erste Mal so richtig zur Geltung gekommen war, zu einem Gradmesser für alle Action- und Kung Fu-Filme aus Hongkong.

Drunken Master 2, der angeblich vor allem auch deswegen entstanden ist, weil Chan es nicht hinnehmen wollte, dass in den 90ern so ziemlich alle in Hongkongs Filmindustrie der Ansicht waren, dass sozusagen *klassische Kung Fu-Filme* nicht mehr funktionieren würden, ist aus meiner Sicht mehr als nur ein Action- oder Kampfkunst-Film, sondern tatsächlich so etwas wie ein *filmisches Meisterwerk*, eine Bezeichnung, die manche wohl weder mit Kung Fu-Filmen noch mit Jackie Chan-Filmen in Verbindung bringen würden. Ich würde sogar so weit gehen zu sagen, dass *Drunken Master 2* zu meinen *absoluten Lieblingsfilmen* zählt!

Aber was ist eigentlich das Besondere daran?

Nun, Chan spielt also zum zweiten Mal die Rolle des Wong Fei Hung, dem chinesischen Gegenstück zu Robin Hood, wenn man so will. Geboren 1847 in Kanton war Wong ein Meister des *Hung-Gar-Boxens* (*Hung-Gar-Kung Fu* ist eine alte südchinesische Kampfkunst), ein Lehrer und Arzt, der sein Leben den Armen und Unterdrückten gewidmet hat. Sein Einfluss auf das Showbusiness in Hongkong und China ist gewaltig. Unter der Regie von Starregisseur Tsui Hark ist zum Beispiel in den 90ern auch eine sehr erfolgreiche Filmreihe über Wong Fei Hung, diesem chinesischen Volkshelden, entstanden, unter dem Reihenbegriff *Once Upon a Time in China*, in der der großartige Jet Li, Hongkongs *zweitgrößter* Actionstar, der es, gleichsam im Windschatten von Chan, einige Zeit lang ebenso geschafft hatte in den USA, mit Filmen wie *Romeo Must Die* (2000; Regie: Andrzej Bartkowiak) oder *Cradle 2 the Grave* (2003; Born 2 Die; Regie: Andrzej Bartkowiak) durchzustarten, die Hauptfigur spielte.

Der eigentliche große Coup ist den Machern von *Drunken Master 2* aber mit der Besetzung von Wongs Eltern gelungen, die von Ti Lung und Anita Mui gespielt werden, was bemerkenswert ist, denn der ehemalige Shaw Brothers-Star Ti Lung ist nur sieben Jahre älter als der 1954 geborene Chan und die leider schon verstorbene Anita Mui (1963-2003), im Übrigen ursprünglich eine Sängerin, die sogar die „Madonna von Hongkong" genannt wurde, überhaupt um einiges jünger. Die Sache funktioniert aber ganz wunderbar, ähnlich gut wie in *Indiana Jones and the Last*

Crusade (1989; Indiana Jones und der letzte Kreuzzug; Regie: Steven Spielberg) zwischen Sean Connery und Harrison Ford (in Wirklichkeit trennen „Vater" Connery und „Sohn" Ford nur 12 Jahre), und die beiden Schauspieler bilden das Herzstück des Films!

Vor allem Mui stiehlt mit ihrem Temperament und ihrer Komik sogar Chan ein wenig die Show. Obwohl nur seine Stiefmutter, empfindet sie eine starke Sympathie für ihren ebenfalls sehr temperamentvollen und unangepassten Stiefsohn und unterstützt diesen in allen Belangen, gerade auch dann, wenn er mit seinem Vater, einem angesehenen Arzt und Kampfschulbesitzer, aneinandergerät, was den Film über eigentlich die ganze Zeit passiert.

Ti Lung gibt eine wunderbare Vaterfigur ab, natürlich einen Patriarchen, der aber durch Chans und Muis Eskapaden ständig auf die Probe gestellt wird und der durch die rebellische Natur seines Sohnes letztendlich sogar einen Teil seines Besitzes verliert. Bei den Auseinandersetzungen zwischen Vater und Sohn schaltet der Film zwar manchmal in einen „melodramatischen Overdrive", aber wer das Hongkong-Kino kennt und liebt weiß, dass dort derber Klamauk, deftiger Humor sowie plötzliche Gewaltexzesse und übertriebene Melodramatik stets *gleichberechtigt* nebeneinanderstehen.

Ein zentraler Streitpunkt zwischen Vater und Sohn ist aber natürlich das „Drunken Boxing", das Chan in dem Film auf unglaubliche, mitreißende, jeden Fan begeisternde, aber stets *realistisch* bleibende, Weise praktiziert. Die Kämpfe in *Drunken Master 2*, vor allem der Endkampf in der Fabrik gegen die Schergen der britischen Besatzer, die chinesische Kunstschätze ins Ausland schmuggeln, gehören mit zum Besten, was im Martial Arts-Bereich *jemals* auf Filmmaterial gebannt wurde – und das ist nicht bloß die *unkritische* Schwärmerei eines Fans! :-)

Unter „Drunken Boxing" versteht man natürlich das Kämpfen unter Alkoholeinfluss. Wenn Wong Fei Hung also während eines Kampfes Alkohol zu sich nimmt, wird sein Kampfstil unberechenbar, verrückt, abgefahren, aber gleichzeitig auch besser. Mit anderen Worten: Er wird fast unschlagbar.

Das folgende Zitat stammt aus der ersten Szene im Film, in der Wong Fei Hung das „Drunken Boxing" anwendet:

WONG FEI HONG

(trinkt inmitten eines Kampfes gegen eine Reihe von Männern aus einer Flasche, die ihm seine Stiefmutter zugeworfen hat, wobei die Flasche die letzte ist aus einer ganzen Reihe von Flaschen, aus der er jeweils mehrere Schlucke genommen hat)
Mann, was war 'n das für ne Sorte?

WONGS STIEFMUTTER

Da ist ein Totenkopf drauf! Ich weiß nicht, was das ist!

WONG FEI HONG

Das Zeug ist spitze!

Wer sich jetzt denkt, was soll *das* denn bitte für eine Botschaft sein :-), besseres Kämpfen unter Alkoholeinfluss, der hat natürlich recht! Allerdings muss man sagen, dass sowohl der erste Teil von 1978 sowie auch die Fortsetzung die, wenn man so will, ganz *offensichtliche* Problematik dieser Kampftechnik thematisieren. So wird im ersten Film einmal gezeigt, wie der Meister der Hauptfigur, gespielt von Simon Yuen Siu Tin, der Wong Fei Hung in die Kampftechnik der „Acht betrunkenen Elfen" einweiht, unter schweren Entzugserscheinungen leidet und ohne entsprechenden Alkoholpegel schlicht und einfach nicht ordentlich kämpfen kann. Im zweiten Teil stellt Wong Fei Hungs Vater, der wie gesagt auch Arzt ist, klar, warum er seinem Sohn das „Drunken Boxing" verbietet, was das folgende Zitat zeigt:

WONGS VATER

Ich habe einen guten Grund, Drunken Boxing zu verbieten.

Diejenigen, die den Sport ausüben, enden später als Alkoholiker.

Theoretisch fühlt man sich durch den Alkohol stärker.

Man spürt auch keine Schmerzen.

Das ist jedoch eine psychologische Täuschung.

Und wenn man nur ein paar Gläser zu viel trinkt, verliert man sein Urteilsvermögen, überschätzt sich sehr schnell und liegt dann auf der Nase.

Und das kann zu großem Ärger führen. Ob man nun kämpft oder nicht.

Es kommt hinzu, dass man schlechte Dinge sagt und dadurch noch mehr Schande auf sein Haupt lädt.

Überhaupt gehören einige Aussagen, die die Drehbuchautoren Wong Fei Hungs Vater in den Mund gelegt haben, zu den heimlichen, leisen, Höhepunkten des Films. So wie auch folgende Worte, die Wongs Vater an seinen Sohn richtet, nachdem er ihn aus der britischen Gefangenschaft befreien konnte, was aber den Verlust eines seiner Besitztümer, der Kampfschule, bedeutet hat:

WONGS VATER

Belaste dein Herz nicht mit Reue. Das ist nicht gut für dich. Die Vergangenheit ist erledigt. Kümmere dich um die Zukunft! Denn in der Zukunft wird unser Leben weitergehen. Ich glaube, wir haben alle etwas gelernt. Und werden sicher weiser sein.

Nun, es gehört wahrlich zu den Verdiensten dieses Films, dass solche vermeintlichen „Weisheiten" nicht irgendwie peinlich oder deplatziert wirken!

Zum Abschluss aber noch einmal zu dem denkwürdigen Schlusskampf in der Fabrik, zu einem Fight, der bei den Dreharbeiten Monate an Drehzeit verschlungen hat, den Chan selbst zu seinen drei liebsten zählt und den er in seiner Autobiographie mit „Fabrikarbeit" betitelt hat. Chans Gegner in diesem Fight, bei dem der spektakuläre Ort, an dem er stattfindet, die Stahlfabrik, mit all ihren Lichtern und Feuern etc., natürlich einiges zur grandiosen Atmosphäre beiträgt, ist Kenneth Lo, der in einigen von Chans Filmen zu sehen ist, unter anderem auch in dem 1993 entstandenen, von mir ebenfalls sehr geschätzten, *City Hunter* (1993; Regie: Wong Jing). Lo, ein ehemaliger Kickboxer, war im wirklichen Leben lange Jahre lang Jackie Chans Leibwächter und besticht in *Drunken Master 2*, wie in diversen anderen Chan-Filmen, durch seine *extrem schnelle* Beinarbeit. Dieser unglaublichen Beinarbeit setzt Jackie Chan *Choy Li Fut* entgegen, eine spezielle Form des Kung Fu, geschaffen aus nördlichen und südlichen Kampftechniken. Aber natürlich kommt auch noch einmal das „besoffene Kung Fu", das „Drunken Boxing", zum Einsatz, nachdem Wong Fei Hung gegen Ende der Szene *reinen* Alkohol trinkt, der in der Fabrik verfügbar ist. Danach wird sein Kampfstil wiederum endgültig verrückt und abgefahren, vor allem aber für den Zuseher *unendlich spektakulär*! Glauben Sie mir, wenn Sie sich drauf einlassen, wird Ihnen die Luft wegbleiben!

Bei diesem Schlusskampf werden aber auch die von Chan in *I Am Jackie Chan* geschilderten „heftigen Differenzen" zwischen ihm und dem Regisseur des Films, Shaw-Brothers Regie-Veteran Lau Ka Leung (1934-2013), der im Übrigen auch in einer wichtigen Nebenrolle, gleichsam als Bewahrer des kaiserlichen Jade-Siegels, das von den Briten gestohlen wird, zu sehen ist, deutlich. Die letzten Kampf- und Actionszenen des Films, die dann von Jackie Chan selbst choreographiert wurden, unterscheiden sich doch deutlich von jenen zu Beginn des Films. Chan selbst meint in der Autobiographie, dass Laus Approach eben „so konventionell wie klassische Musik" gewesen wäre, während man hingegen seinen „eher mit dem Jazz vergleichen" könne.

Wie auch immer, *Drunken Master 2* bleibt für mich ein Film, der mich vom ersten Sehen an begeistert hat, ein Werk, in dem Jackie Chan, zweifellos *einer der größten Filmstars aller Zeiten* und ebenso zweifellos eine *lebende Legende*, damals 40 Jahre alt, noch ein letztes Mal *wirklich* „unverbraucht" und voller Spielfreude und Elan wirkt, bevor dann Ende der 90er eine Phase seiner Karriere beginnt, in der er es zwar zu dem verdienten und längst überfälligen Weltruhm gebracht hat, in der er aber speziell in seinen

Hongkong-Filmen, wie etwa *Mr. Nice Guy* (1998; Regie: Samo Hung) oder *Who Am I?* (1998; Jackie Chan ist Nobody; Regie: Benny Chan Muk Sing, Jackie Chan), vielleicht „ein klein wenig müder" wirkt.

EPILOG

So 2008, kann aber auch 2009 gewesen sein, habe ich einmal die offizielle Jackie Chan-Fan-Website besucht und dort in eine dafür vorgesehene Maske ein paar Worte eingetragen. In Ermangelung von originelleren Einfällen oder Varianten habe ich „I am your biggest fan here in Austria" oder dergleichen geschrieben, was tatsächlich eine *ziemliche* Plattitüde ist.

Am nächsten Tag habe ich auf dieser Homepage tatsächlich eine Antwort erhalten, allerdings natürlich nicht von Jackie Chan, sondern von einer Fan-Club-Vorsitzenden irgendwo aus Österreich, die sich halb darüber empörte, wie ich so etwas behaupten könne, der „größte Jackie Chan-Fan in Österreich" zu sein, denn es gebe da noch viele andere. Außerdem bedankte sie sich gleichzeitig bei „Jackie" persönlich und irgendeiner Managerin der Website dafür, wie gelungen diese doch sei, wollte mir also irgendwie zu verstehen geben, dass sie zu den beiden einen persönlichen Draht hätte.

Ich habe mich natürlich nicht getraut, darauf zu antworten… :-)

(Februar 2018)

David Lynchs **Twin Peaks: A Limited Event Series** (2017) – Ein *Lost Highway* oder doch eine *Straight Story*?

Wer ist wohl der größte amerikanische Künstler?

Der berühmte französische Regisseur Jean-Luc Godard hat einmal, es muss so in den späten 50ern oder frühen 60ern des letzten Jahrhunderts gewesen sein, für viele damals wahrscheinlich überraschend, gesagt, dass der Filmemacher *Howard Hawks* der größte amerikanische Künstler sei. Da ich die Filme von Howard Hawks liebe und keine zwei Jahre vergehen, dass ich mir nicht Klassiker wie *Rio Bravo* (1959) mit dem „Duke" John Wayne oder einen meiner Lieblingsfilme, nämlich *Bringing Up Baby* (Leoparden küsst man nicht; 1938) mit Cary Grant und Katherine Hepburn, ansehe, kann ich Godards Aussage nur zu gut verstehen. Auf jeden Fall sind mir *Howard Hawks*-Filme mit ihrem Humor und den starken Frauen-Figuren lieber als die melancholischen Western von Regie-Ikone John Ford, dem logischen „Gegenkandidaten" aus der Generation von Hawks für den Titel „größter amerikanischer Künstler".

Für mich persönlich allerdings, als Filmfan und vor allem als Fan des US-Kinos, und das hat sich durch das Anschauen der, nach einem Vierteljahrhundert längst *mehr* als überfälligen, 18-teiligen *Twin Peaks*-Fortsetzung *Twin Peaks: A Limited Event Series* (2017) wieder einmal bestätigt, lautet die Antwort auf die Frage „*Wer ist wohl der größte amerikanische Künstler?*" auf jeden Fall: *David Lynch*!

Obwohl ich nicht dauernd irgendwelche Jugenderinnerungen meinerseits heraufbeschwören möchte :-), so scheinen diese in vielen Fällen trotzdem der Schlüssel zur dauerhaften Fan-Bindung an einen Künstler zu sein, eine Theorie, die ich zum Beispiel erst vor Kurzem wieder in der Dokumentation *Bud's Best – Die Welt des Bud Spencer* (2012; Regie: Friedemann Beyer & Irene Höfer) bestätigt fand, denn dort berichtete eine Frau davon, dass sie Bud Spencer deshalb immer noch so liebe, weil sie als Kind mit ihrem Vater gemeinsam an den Wochenenden stets dessen Filme angeschaut habe und sie danach das Gefühl hatte, dass ihr ohnehin nichts passieren kann, da Bud Spencer schon im richtigen Moment kommen werde, um sie mit seinem legendären „Dampfhammer" zu retten. Nun, genau *so* funktioniert's!

1991 war „*Twin Peaks*-Zeit" im österreichischen Fernsehen. Mein Vater und ich warteten jeden Sonntag bis spät in die Nacht auf die neueste *Twin Peaks*-Folge, sahen gespannt FBI-Special-Agent Dale Cooper (Kyle MacLachlan) bei der Jagd nach dem Mörder von Laura Palmer in der Kleinstadt Twin Peaks zu und diskutierten, nachdem dann der Abspann mit der für mich unvergesslichen Einblendung *Executive Producers Mark Frost & David Lynch* eingeleitet wurde, die Folgen anschließend miteinander. *Twin Peaks* war *echt* anders als *Dallas* (1978-1991) oder *Dynasty* (Der Denver-Clan; 1981-1989), anders als der bescheuerte *Knight Rider* (1982-1986) oder als *Magnum, P.I.* (Magnum; 1980-1988) oder *Miami Vice* (1984-1989). *Twin Peaks* war neuartig, geheimnisvoll, surreal, verstörend und irgendwie *inspirierend* zugleich. Es öffnete für mich ganz neue „Wahrnehmungs-Dimensionen" das Medium Film/Fernsehen betreffend und leitete bei mir nicht nur eine längere Phase der Auseinandersetzung mit dem Regisseur David Lynch ein, sondern auch ganz generell eine Auseinandersetzung mit etwas, das man damals das „Autorenkino" nannte. Fast sieben Jahre lang standen dann, neben Lynch, also beispielsweise Leute wie Woody Allen, Ingmar Bergman, Luis Bunuel, David Cronenberg,

Rainer Werner Fassbinder oder Peter Greenaway in meinem Fokus.

Der Bestseller-Autor Frank Schätzing hat in einer Dokumentation über Stephen King, den ich persönlich im Übrigen für *den größten lebenden Schriftsteller halte*, gemeint, dass man von diesem das Schreiben lernen kann. In Abwandlung dazu möchte ich sagen, dass man von David Lynch, wenn man es drauf anlegt, das Filmemachen lernen könnte. Da Lynch aber wahrlich nicht unter dem „Woody Allen-Syndrom" leidet, jedes Jahr einen Film abzuliefern, bleibt sein filmisches Werk mit 10 Kinofilmen und einer Fernsehserie (die erstaunlichen Kurzfilme von Lynch, wie beispielsweise den 1988 veröffentlichten *The Cowboy and the Frenchman*, lasse ich hier einmal beiseite) seit 1977, dem Jahr, in dem sein Debüt *Eraserhead* erschienen ist, doch recht überschaubar. Sein Einfluss auf die Filmwelt und vor allem auf eine *gewisse Art* des Filmens von Dingen ist jedoch alles andere als überschaubar und hat auch die Fernsehkrimiwelt bis heute nachhaltig geprägt.

Lynchs herrlich abgründigen und herrlich surreal bizarren ersten Spielfilm *Eraserhead*, ein Werk, das, aus Kostengründen, Jahre für die Fertigstellung gebraucht hat, habe ich leider erst vor rund 10 Jahren das erste Mal auf DVD betrachten können, da er vorher doch recht schwer zu bekommen war. Die in Schwarzweiß gefilmte Story eines Mannes (gespielt von dem mittlerweile schon verstorbenen Jack Nance, einem von Lynchs Stammschauspielern und ältesten Freunden), der sich plötzlich um sein entstelltes Kind kümmern muss, das er letzten Endes aber sogar tötet, ist auch heute noch „starker Tobak" und verfügt über Bilder, die man so schnell nicht vergisst. Überhaupt nimmt man Lynchs Filme sozusagen für einige Zeit *mit*, da sie aufgrund ihrer visuellen und soundtechnischen Wucht unaufhörlich auf das Unterbewusstsein des Betrachters wirken. Keinem anderen Filmemacher ist es je besser gelungen beispielsweise *psychische Störungen*, durch die Art wie die Kamera verwendet wird oder durch die Art der Tongestaltung, für den Zuschauer *spür-* und *erlebbar* zu machen. So *spürt* man in dem Film *Lost Highway* (1997) zum Beispiel förmlich Balthazar Gettys Engegefühl, wenn er in seinem Zimmer sitzt, oder *spürt*, ebenfalls in *Lost Highway*, auch den sich in Bill Pullman unaufhörlich aufbauenden Druck und Wahnsinn, der letztendlich zu dem Mord an seiner Frau (gespielt von Patricia Arquette) führt. Aber auch die eindeutige *Borderline*-Störung, die meines Erachtens Diane Ladds Mutterfigur in *Wild at Heart* (Wild at Heart – Die Geschichte von Sailor und Lula; 1990; literarische Vorlage: Barry Gifford), dem „*ersten großen Film der 90er*", wie damals die Zeitschrift *Cinema* den *Goldene Palme*-Gewinner so treffend bezeichnet hat, treibt, wird auf eindrucksvolle Weise in Bild und Ton greifbar. Ihre Verrücktheit, die sich in einem wilden Mix aus Doppelbindungen, dem Zwang zur Promiskuität, zerstörerischen Taten und dem gleichzeitigen Drang zu helfen äußert, springt einem förmlich über die Leinwand an.

Der spektakuläre und laute *Wild at Heart*, für den ich, um ihn im Kino sehen zu können, vor über 20 Jahren, gemeinsam mit meinem Vater und einem Freund, sogar einmal eine Irrfahrt mit der U-Bahn durch Wien in Kauf genommen habe, ist auch bis heute mein *Lieblings-David Lynch-Film* geblieben. Leider sind wir damals tatsächlich *zu spät* ins Kino gekommen und haben den Vorspann verpasst, was bei *Wild at Heart* bedeutet, dass man die Leinwand *nicht* brennen sieht, denn in keinem anderen Film brennt die Leinwand so schön wie zu Beginn in *Wild at Heart*, vielleicht nur noch im Vorspann zu James Camerons Meisterwerk *Terminator 2: Judgement Day* (Terminator 2 – Tag der Abrechnung; 1991). Überhaupt gehören diese Groß- und Makroaufnahmen von Feuer und Flammen, die für Lynch typisch sind, mittlerweile zum Standardrepertoire in Film- und Fernsehproduktionen, sozusagen zur *Standardfilmsprache*. Achten Sie doch einfach einmal drauf und Sie werden bestimmt bald fündig!

Während *Wild at Heart* die internationale Kritik, bei all dem Lob und den Auszeichnungen, die der Film bekommen hat, doch letztendlich gespalten hat, ein amerikanischer Kritiker bezeichnete den Film glaube ich sogar sinngemäß als „idiotisches postmodernes Spektakel ähnlich Steven Spielbergs *Indiana Jones and the Temple of Doom* [Indiana Jones und der Tempel des Todes; 1984]", so gilt Lynchs legendärer Thriller *Blue Velvet* (1986) fast uneingeschränkt als sein Meisterwerk und zumindest als *einer der besten Filme der 80er-Jahre* überhaupt. Nun, ich persönlich bevorzuge, wie gesagt, *Wild at Heart*, aber *Blue Velvet* vereint zweifelsohne alles, was Lynchs Werk so aufregend macht: Die scharfen Beleuchtungen, die die Film-Bilder oft wie gemalt erscheinen lassen, eine „unruhige", bohrende Tonspur, die den Zuschauer ständig in Anspannung hält, die (mittlerweile bewährte) Musik von Angelo Badalamenti sowie eine reichlich abgründige Story (immerhin findet die Hauptfigur Jeffrey Beaumont, gespielt von Kyle MacLachlan, zu Beginn des Films ein abgeschnittenes Ohr – der Beginn einer Reise in ungeahnte menschliche Abgründe!). Die Hauptattraktion von *Blue Velvet* ist aber, neben David Lynchs mittlerweile Ex-Lebensgefährtin Isabella Rossellini als Nachtclubsängerin Dorothy Vallens, natürlich Dennis Hopper als psychopathischer Gangster Frank Booth. Booths teilweise verzweifelte Getriebenheit, seinen (sexuellen) Sadismus, seine unaufhörliche Aggression, die sich auch in einem Zwang äußerst andauernd das Wort „Fuck" zu sagen, das alles lässt einem Hopper eindringlich mit seiner Performance spüren – wirklich großartig! Wenn er dann noch Kyle MacLachlan zu den Tönen von Roy Orbisons an sich harmlosen Song *In Dreams* sozusagen fertigmacht und zusammenschlägt, aber nicht bevor er noch einmal seine Sauerstoffmaske, die er offenbar ständig in seiner Jacke bei sich trägt, benutzt hat, dann ist das *Horror pur*.

Dieser Frank Booth erinnert mich irgendwie immer auch an die von Alan Arkin so meisterhaft gespielte Gangster-Figur „Roat" in dem Thriller *Wait Until Dark* (Warte, bis es dunkel ist; 1967; Regie: Terence Young) mit Audrey Hepburn. Obwohl Roat, im Gegensatz zu dem „sprachlosen" Frank Booth, sehr eloquent ist, so ist er doch der Prototyp eines Verbrechers, dessen Hirn von allen möglichen

Drogen umnebelt und geschädigt scheint und der jeden Versuch eines normalen und wenn man so will vernünftigen Umgangs sofort mit seiner Verrücktheit sabotiert. Arkins Leistung von damals ist auch deshalb so gut und bahnbrechend, weil man im Jahr 1967 solche Figuren auf der Leinwand de facto noch nicht kannte. Dennis Hoppers Frank Booth profitiert, was diesen Drogenaspekt anbelangt, natürlich auch von Hoppers eigenen Drogen-Erfahrungen, denn bekanntlich hatte Hopper es erst Anfang der 80er-Jahre geschafft wieder clean zu werden, also, wenn ich mir diesen kleinen Scherz erlauben darf, erst ungefähr ein Jahrzehnt nach *Easy Rider* (1969; Regie: Dennis Hopper) :-).

Die Welle der Ablehnung, angeblich hat man ihn ja in Cannes bei der Premiere sogar ausgebuht, die der *Twin Peaks*-Kinofilm von 1992, *Twin Peaks: Fire Walk with Me* (Twin Peaks – Der Film), seinerzeit erfahren hat, konnte ich *nie* ganz nachvollziehen. Im Gegenteil, das Prequel zu der TV-Serie ist *David Lynch pur* und verfügt über eine hypnotische Kraft, die kein Lynch-Film danach, nein - auch nicht *Lost Highway*, wieder erreicht hat. Ein großartiger Soundtrack (allein die jazzig-sphärischen Saxophonklänge, mit denen der Vorspann untermalt ist, sind ganz einfach wunderbar!), tolle Gastauftritte, beispielsweise von Chris Isaak (dessen Song *Wicked Game* seit *Wild at Heart* zu meinen Favoriten gehört) oder von David Bowie, sowie eine furiose schauspielerische Leistung von Ray Wise (Wises Darstellung war in Wahrheit schon das *eigentliche* Highlight der Fernsehserie – *so* einen lachenden, weinenden, verzweifelten und neurotischen Verrückten hat man auch selten gesehen!), der natürlich wiederum Leland Palmer, den Vater von Laura Palmer, spielt, machen den Film zu einem von Lynchs besten. Denn seien wir mal ehrlich: Danach litten Lynchs Filme wie *Mulholland Drive* (Mulholland Drive – Straße der Finsternis; 2001) oder *Inland Empire* (2006), *The Straight Story* (Eine wahre Geschichte – The Straight Story) von 1999 muss man da natürlich etwas außer Acht lassen, ein wenig unter demselben Syndrom wie beispielsweise alle Filme von Peter Greenaway *nach* dem formidablen *The Cook, the Thief, His Wife and Her Lover* (Der Koch, der Dieb, seine Frau und ihr Liebhaber; 1989), nämlich unter einer visuellen Überfrachtung und einem gewissen Ausverkauf an Symbolen und Motiven. Technisch sind die Filme natürlich perfekt, überfordern aber gleichzeitig den Zuschauer, indem sie ihn ständig beeindrucken wollen. Was das Kapitel „*überfrachtete Werke von eigentlichen Genies*" anbelangt, so ist mir

Greenaways *Prospero's Books* (1991), mit seinen gefühlten fünfhundert Bildebenen, noch immer in gruseliger Erinnerung :-).

Die Wiederauflage von *Twin Peaks* aus dem Jahr 2017 bietet vor allem eines: Ein Wiedersehen mit alten Figuren (die im Übrigen *realistischerweise* fast allesamt von den Geschehnissen um den Laura Palmer-Mord von damals irgendwie traumatisiert sind) und alten Motiven. Die *Limited Event Series* ist tatsächlich eine gigantische „*Wiederaufbereitungsanlage*", in der Lynch noch einmal alles hineingepackt hat, was er so als Lebenswerk hinterlassen wird. Aber, der entscheidende Punkt ist, dass diese permanente Selbstreminiszenz, trotz einiger Längen, ich denke hier vor allem an die Episoden 3 (*Call for Help*/dt. Titel: Ruf um Hilfe) und 8 (*Gotta Light?*/dt. Titel: Hast du Feuer?) wirklich *Spaß* macht!

So findet man, neben wirklich *sehr* vielen Darstellern aus der alten Serie, allen voran natürlich Kyle MacLachlan als Dale Cooper, unter anderem einen jungen Psychopathen, der ähnlich wie Frank Booth in *Blue Velvet* agiert, oder ein ständig Fast Food konsumierendes Killerpärchen (gespielt von Tim Roth und Jennifer Jason Leigh), das dem Auftragskiller und dessen Freundin in *Mulholland Drive* ähnelt. Aber sogar Anlehnungen (wie z. B. entstellte Figuren und Aufnahmen von Wüstenlandschaften) an *The Elephant Man* (Der Elefantenmensch; 1980) und *Dune* (Dune – Der Wüstenplanet; 1984; literarische Vorlage: Frank Herbert) sind zu entdecken, zwei Lynch-Filme, die leider immer wieder gern vergessen werden oder zumindest oft im Schatten der anderen stehen.

Die 18. und letzte Folge, die mit *What is your Name?* (dt. Titel: Wie ist ihr Name?) betitelt ist, ist nicht nur für die Deutung und das Gesamtverständnis der Serie entscheidend, sondern bietet auch eine Hommage an *Wild at Heart* und *Blue Velvet* zugleich. Kyle MacLachlan und Laura Dern, die schon in *Blue Velvet* ein Paar gespielt haben, fahren sozusagen als wiedervereinte Cooper und Diane (diese war in der alten Serie ja bekannter- und *kultiger*weise nur durch Agent Coopers Diktiergerät anwesend!) durch die Gegend und enden in einem Motel, wo sie miteinander Sex haben, eine eindeutige Hommage an den Roadmovie *Wild at Heart*, in dem sich natürlich „Sailor" Nicolas Cage an der Stelle von MacLachlan mit „Lula" Laura Dern ständig in Motels vergnügt.

What is your Name? knüpft an die bittere Erkenntnis aus dem vorletzten Teil (*The Past dictates the Future*/dt.

Titel: Die Vergangenheit diktiert die Zukunft) an, dass das Böse sozusagen nicht rückgängig machbar ist, denn Cooper will ja in einer entscheidenden Sequenz, die geschickt mit den dementsprechenden Szenen aus dem *Twin Peaks*-Film von 1992 gekoppelt ist, Laura Palmer (Sheryl Lee) in der Mordnacht davor retten, den Weg zu gehen, der bekannterweise ihren Tod bedeutet. Vielmehr nimmt er sie, in einer berührenden Szene, an die Hand und will mit ihr „nach Hause" gehen, womit aber natürlich nicht das Haus der Palmers gemeint ist, sondern ein weiterer geheimnisvoller Ort im Wald. Aber der Mord ist nicht rückgängig machbar, eine nachträgliche Rettung nicht möglich, und Laura Palmer entgleitet und verschwindet förmlich aus Coopers Hand, lässt diesen allein zurück.

Die letzte Episode bietet dann, wie in einem abschließenden *Gedankenexperiment*, am Ende plötzlich aber auch einen „realeren" Cooper und dann doch tatsächlich auch eine „realere", gealterte Laura Palmer, die offenbar zu allem Überfluss auch noch zu einer Mörderin geworden ist und gar nicht das Gefühl hat Laura Palmer zu sein, an. „Coopers" laufen ja in den 18 Folgen der dritten Staffel jede Menge herum, vor allem aber ein „abgrundtief böser Cooper", der seinerzeit am Ende von Staffel 2 ja bekannt-

lich aus der „schwarzen Hütte" zurückgekommen ist, sowie ein „guter Cooper", der aber, bevor er wieder zum „alten Agent Cooper" wird, ja die meiste Zeit über als debil
wirkender Douglas „Dougie" Jones sein Leben in einem
Job (Versicherungsagent), der nicht der seine ist, sowie bei
einer Ehefrau (gespielt von Naomi Watts), die nicht die
seine ist, fristen muss, dabei aber, als vermeintlicher
„Idiot", irgendwie äußerst erfolgreich agiert, was einen
wahren Reigen ungemein komischer Szenen mit sich
bringt (überhaupt ist der Pegel an Humor in der gesamten
Staffel ziemlich hoch). Als der „realer agierende Agent
Cooper" nun mit der abgehalfterten Laura Palmer zu deren
Elternhaus nach Twin Peaks zurückgekehrt, gibt es da
plötzlich keine Mutter Sarah Palmer mehr und es erscheint
einem überhaupt so, als ob es die *ganze Geschichte*, mit all
ihren waghalsigen transzendenten Aspekten, eventuell nie
gegeben hätte, als ob sie nur eine Art *Zwangsvorstellung*
von Cooper gewesen wäre. Aber die letztendlich dann doch
erfolgende Reaktion, nämlich der finale Schrei von der
Frau, die für Cooper *auf jeden Fall* Laura Palmer ist, angesichts des Hauses bedeutet wohl, dass da immer ein Horror
möglich ist, dass man nie genau weiß, was in Häusern und
hinter den Fassaden vorgeht, denn der Schrecken existiert
in der Welt – *real*!

Es gibt, wenn man das so lapidar zuspitzen will, in der Welt *tendenziell* gute und *tendenziell* böse Menschen, Menschen, die mehr auf der guten Seite sind, und Menschen, die definitiv mehr auf der bösen Seite sind, und das spiegelt sich auch im Personal der dritten Staffel von *Twin Peaks* wider, wobei auch die ganz bösen auf Personen treffen können, die noch böser sind. So trifft zum Beispiel das Killerpärchen durch Zufall auf einen Mann, der offenbar nur seine Einfahrt freihalten will und die beiden Auftragskiller aus Zorn über ihr „unkooperatives" Verhalten erschießt. Und auch Cooper wird am Ende, wie gesagt, „realer", denn weder gibt es jemanden so „pur bösen" wie den „bösen Cooper", noch jemanden so „pur guten" wie den „guten Cooper", die Aufspaltung in *nur* Schwarz und *nur* Weiß ergibt in der Realität keinen Sinn. Das Böse in der Welt ist eine Tatsache, es existiert, aber als Erklärung braucht man nicht unbedingt Transzendenz, irgendwelche „schwarze Hütten" oder irgendwelche Energiefelder oder irgendwelche „Saaten des Bösen", wie den Mörder „Bob", bemühen. Das ist ein wenig wohl auch die Message des letzten Teils der Serie, den ich, wie gesagt, eher als *Gedankenexperiment* begreife denn als eine gänzliche Aufhebung des vorherigen Geschehens, denn das wäre dann nur eine fatale Irreführung des Zuschauers. Das ganze „Bob"- und

„Samen des Bösen"-Motiv wird aber ohnehin schon vorher ein wenig ad absurdum geführt, indem „Bob" (in der alten Serie von dem bereits verstorbenen Frank Silva gespielt) in Folge 17 von einer Art „Superhelden", einem Wachmann, der einen seltsamen grünen Handschuh auf einer Hand trägt, zertrümmert und besiegt wird.

Am Ende muss man sagen, dass *Twin Peaks: A Limited Event Series* weder ein filmischer „Lost Highway" noch eine „Straight Story" ist, aber Gott sei Dank auch kein, wie befürchtet, reines *Land of Confusion* geworden ist, um den Titel eines alten *Genesis*-Songs zu bemühen, sondern vor allem eins: Ein üppiges Geschenk von Lynch an seine Fans!

Und neben reichlich Kaffee und Kirschkuchen und Donuts gibt es, wie gewohnt, auch jede Menge interessanter Musik. Musik ist ja stets zentral für Lynchs Filme gewesen und Künstler wie Chris Isaak, Julee Cruise oder sogar die deutsche Band *Rammstein* verdanken ihm eindeutig einen Teil ihres Erfolges. So tummeln sich meist gegen Ende jeder Folge in der „Bang Bang Bar", auch das „Roadhouse" genannt, Musik-Acts wie Trent Reznor und seine Band *Nine Inch Nails* oder wie *Pearl Jam*-Sänger Eddie Vedder.

Nun, die Eingangsfrage, wer der größte amerikanische Künstler ist, ist gewiss eine Streitfrage, aber wenn am Ende von *What is your Name?* Laura Palmer jenen finalen Schrei macht, dann fährt einem dieser nicht nur durch Mark und Bein, sondern geht einem auch für Stunden nicht mehr aus dem Kopf, und erinnert einen wieder daran, dass der mittlerweile 72-jährige Lynch *zumindest* immer noch zu den aufregendsten Filmemachern unserer Zeit gehört.

(April 2018)

Interview with the Vampire: The Vampire Chronicles (1994; Interview mit einem Vampir; Regie: Neil Jordan) oder: *Warum Tom Cruises „Lestat" eines der größten Film-Monster der 90er war…*

Mögen Sie auch Tom Cruise und trauen es sich aber niemandem zu sagen?

Wurde man in intellektuelleren Kreisen schon immer schief angeschaut, wenn man Cruise als einen seiner *heimlichen* Lieblingsschauspieler bezeichnet hat, so ist er heutzutage vor allem wegen seiner militanten Scientology-Sektiererei, mit all ihren problematischen Implikationen, zu einer weder von Hollywood noch von der Presse besonders geliebten Figur geworden.

Aber: Cruise ist wirklich und *wahrlich* nicht der einzige Schauspieler, der zweifelhafte religiöse oder politische Ansichten vertritt!

Denken Sie zum Beispiel an Mel Gibson und dessen seltsam vorsintflutlich anmutenden christlich-fundamentalistischen Weltbild oder an dessen „Ausrutscher" rassistischer und antisemitischer Natur. Oder an Bruce Willis, der einmal in den 90ern in einem Interview sprichwörtlich den

Vogel abgeschossen hat, indem er gemeint hat, die USA sollen doch bitte gleich die Atombombe gegen ihre Feinde anwenden, denn damit könne man bekanntlich so viele wie möglich davon auf einmal töten – irgendwie haarsträubend, oder?

Die *Privatperson* Cruise, wer auch immer die ist oder diese sein mag, muss man wohl strikt von dem *Filmstar* Tom Cruise trennen. Die ganze Wahrheit wissen wohl nur Nicole Kidman oder Katie Holmes :-).

Eines scheint aber auch klar zu sein: Einen Filmstar vom Format eines Tom Cruise, und mit „Format" meine ich die durschlagende Mischung aus Charisma und Starpower, die dessen großen Erfolg von den 80ern über die 90er bis etwa in die erste Hälfte der 2000er-Jahre getragen hat, gibt es heute keinen mehr. Heute heißen die Kino-Helden, sofern es diese zwischen und in all dem „animierten Wahnsinn" überhaupt gibt, Kit Harrington oder Channing Tatum (ein Name, mit dem ich erst seit Roland Emmerichs *White House Down* aus 2013 so richtig ein Gesicht verbinden kann) oder Taylor Kitsch. Letzterer, also Kitsch, hat sich allerdings ein wenig mit seiner Rolle als junger Cop in dem denkwürdigen 8-Teiler *True Detective 2* in meinem

„filmischen Unterbewusstsein" verankert (überhaupt gehört dieses *True Detective 2*, zusammen mit den 8 Teilen der ersten Staffel, die allerdings völlig andere Charaktere und somit auch Hauptdarsteller, nämlich Matthew McConaughey und Woody Harrelson, hat, mit zu dem Besten, was jemals fürs Fernsehen produziert worden ist – ein *Muss* für jeden Filmfan!).

Ob die Filmstars von heute sich, auch aufgrund *mangelnder Unverwechselbarkeit*, denn sozusagen so dermaßen und so dauerhaft in den Köpfen und Herzen von Menschen werden verankern können wie viele aus den vorherigen Generationen, und zu diesen „vorherigen Generationen" muss man auch Cruise mit seinen mittlerweile fast 56 Jahren zählen, bleibt abzuwarten. Wobei mir in diesem Zusammenhang eine Aussage von Woody Allen einfällt, der einmal auf die Worte eines Journalisten, dass *er*, Allen, nach seinem Tod auf jeden Fall in den „Köpfen und Herzen der New Yorker" weiterleben werde, geantwortet hat, dass er eigentlich lieber noch ganz gerne eine Zeit lang in seinem Apartment weiterleben würde :-).

Cruise rettete mit seinem berühmten, weil eben *unverwechselbaren* und *ikonischen*, Lächeln 1986 schon den tendenziell eher langweiligen Martin Scorsese-Film *The Color of Money* (Die Farbe des Geldes), die *sehr* späte Fortsetzung von *The Hustler* (Haie der Großstadt; 1961; Regie: Robert Rossen). Wie auch in *Rain Main* (1988; Regie: Barry Levinson) zwei Jahre später, wo Cruise irgendwie auch seinen autistischen Film-Bruder Dustin Hoffman an die Wand spielt, ganz einfach aus dem Grund, weil er die viel schwierigere Rolle als Hoffman spielen muss, denn Hoffmans Rolle ist eine typische Oscar-Rolle, bei der man sich immer denkt „*so* muss man es machen, wenn man einen Oscar gewinnen will", kann er in *The Color of Money* problemlos gegen „Fast Eddie Felson" Paul Newman bestehen und macht aus einem „Valium-Scorsese" letztendlich doch noch einen sehenswerten Film.

Tony Scotts *Top Gun* (Top Gun – Sie fürchten weder Tod noch Teufel; 1986) bleibt *einer der unterhaltsamsten Filme der 80er*, obwohl oder gerade weil er irgendwie die filmische Quintessenz der Reagan-Ära ist. Die Navy muss Dankesbriefe geschickt haben, angesichts des über 100-minütigen Werbefilms, den Don Simpson und Jerry Bruckheimer da als Produzenten mit Cruise in der Hauptrolle auf die Beine gestellt haben. Tollkühne amerikanische Piloten treffen auf „gesichtslose" russische Kampfpiloten – der kalte Krieg in Perfektion! Aber wie gesagt: *Top Gun* ist, wie im Übrigen viele Propagandafilme, wahrhaft kultig und wann immer ich mir den Film, meist gemeinsam mit meiner Frau, ansehe, ist das ein großes Vergnügen. Darüber hinaus ist Cruise in dem Fliegerfilm sogar in den erotischen Szenen mit Kelly McGillis recht überzeugend, jedenfalls weit überzeugender als etwa in den erotischen Szenen mit Nicole Kidman in Stanley Kubricks filmischer Gurke *Eyes Wide Shut* (1999; literarische Vorlage: Arthur Schnitzler). Noch heute fragt man sich, warum die Dreharbeiten zu dem als „Erotik-Thriller" angekündigten *Eyes Wide Shut* drei Jahre gedauert haben, wenn das Ergebnis sozusagen dann nur schlechten Leinwand-Sex zwischen Eheleuten bietet sowie darüber hinaus einen die ganze Zeit eher ratlos wirkenden und in dieser Ratlosigkeit ständig irgendwie fast verlegen grinsenden Hauptdarsteller. Die Ziellosigkeit, mit der Cruise durch die Nacht streift und die natürlich durchaus im Geist von Schnitzlers Vorlage, der *Traumnovelle* (1926), ist, spiegelt leider auch ein wenig Kubricks Ziellosigkeit bei der filmischen Umsetzung wider. Aber seit Spielbergs *1941* (1941 – Wo bitte geht's nach Hollywood; 1979) oder Polanskis *Pirates* (Piraten; 1986) oder Fellinis *La Voce della Luna* (Die Stimme des Mondes; 1990) weiß man ja: Auch Regie-*Genies* können schlechte Filme drehen :-).

Aber bleiben wir doch noch ein wenig bei den Tom Cruise-Filmen der 80er!

Den Roger Donaldson-Film *Cocktail* (1988) wird ganz sicher niemand zu den zentralen Werken des Jahrzehnts zählen, im Gegenteil, den allermeisten Kritikern würde sicherlich das Wort „belanglos" am ehesten über die Lippen kommen, und das wäre noch nett gemeint. Aber: In dem Star-Vehikel *Cocktail* verbergen sich seltsamerweise *mehr* Wahrheiten über das Erfolgsstreben und über die Sucht nach Anerkennung als in so manchem „Problemfilm", eine Tatsache, die mich selbst immer wieder auch beim x-ten Ansehen erstaunt.

Das Oliver Stone-Kriegsdrama *Born on the Fourth of July* (Geboren am 4. Juli; 1989), der Mittelteil von Stones Vietnam-Trilogie, zu der auch der legendäre *Platoon* (1986) und das gefloppte *Heaven & Earth* (Zwischen Himmel und Hölle; 1993) zählen, leidet ein wenig unter dem Schicksal vieler Oliver Stone-Filme, nämlich, dass sie zwar damals, in der Zeit ihres Erscheinens, für viel Aufmerksamkeit gesorgt haben, heute aber irgendwie zum Teil fast vergessen bzw. schon wieder völlig aus dem Bewusstsein verschwunden sind. Das gilt jetzt, dank dem anscheinend „zeitlosen" Michael Douglas und dem offenbar „zeitlosen" Yuppie-Thema, vielleicht weniger für *Wall Street*

(1987) als vielmehr für *The Doors* (1991), für *JFK* (JFK – Tatort Dallas; 1991), für *Nixon* (1995) und sogar ein wenig für *Natural Born Killers* (1994), einem der spektakulärsten und auf jeden Fall aber *kameratechnisch* herausragendsten Serienkiller-Filme der 90er. Natürlich bietet Cruise in *Born on the Fourth of July*, als im Vietnamkrieg verwundeter und schließlich querschnittsgelähmter Kriegsveteran Ron Kovic, eine sehr gute und auch Golden Globe-prämierte Leistung, und auch Stone durfte sich für seinen Film einen zweiten Regie-Oscar abholen, aber vielmehr als der Film selbst, den ich mir seltsamerweise seit gut 25 Jahren nicht mehr angeschaut habe, ist mir die bewegende Golden Globe-Dankesrede des echten Ron Kovics von 1990 in Erinnerung geblieben, der damals entweder von Cruise oder von Stone in seinem Rollstuhl auf die Bühne geschoben wurde. Es gab Ende der 80er und auch die ganzen 90er-Jahre hindurch tatsächlich nur wenig geeignetere Schauspieler als Tom Cruise jenen (natürlich irgendwie auch zutiefst amerikanischen) Spirit auf die Leinwand zu bringen, den Kovic damals, an jenem Golden Globe-Abend, mit den Worten *believe in your dreams and your dreams will come true* (oder so ähnlich :-)) zum Ausdruck gebracht hat.

Die 90er begannen für Cruise dann allerdings mit zwei Filmen, über die man getrost den Mantel des Schweigens breiten könnte. Der substanzlose *Days of Thunder* (Tage des Donners; 1990; Regie: Tony Scott) zieht einem, wie alle Filme über das Autorennfahren (inklusive des stets noch als positivstes Beispiel genannte *Le Mans* mit Steve McQueen, inszeniert von Lee H. Katzin, erschienen 1971), die Nerven, wenngleich darin aber Tom Cruise erstmals gemeinsam mit Nicole Kidman zu sehen ist. Die beiden waren irgendwie *das* ultimative Promi-Ehepaar der 90er, wobei aber ihre drei gemeinsamen Filme eher zum Davonlaufen sind. Ron Howards *Far and Away* (1992), als „epic romantic adventure drama" tituliert, ist vor allem eines: *far and away* davon ein guter Film zu sein. Im Gegenteil, er ist langweilig und klischeebeladen und ein Beweis dafür, dass zumindest die Leinwand-Chemie zwischen dem Real Life-Ehepaar Cruise-Kidman nie so richtig gestimmt hat.

Nach diesen zwei filmischen Enttäuschungen tat Cruise aber sozusagen einen weisen Karriereschritt und schlug die *filmische Anwaltslaufbahn* ein.

A Few Good Men (Eine Frage der Ehre; 1992; Regie: Rob Reiner; literarische Vorlage & Drehbuch: Aaron Sorkin) kann man ohne weiteres als *einen der unterhaltsamsten Filme der 90er-Jahre* bezeichnen, denn es gibt ehrlich gesagt nur ganz wenige Werke, die sich weniger bei wiederholter Betrachtung abnützen als dieser Militär- und Gerichtsaal-Thriller, der über ein wahrlich phantastisches Schauspiel-Ensemble (neben Cruise spielen beispielsweise Jack Nicholson, Demi Moore, Kevin Bacon, Kiefer Sutherland sowie der leider schon verstorbene J. T. Walsh) verfügt. Besonders Jack Nicholson als chauvinistischer Colonel Nathan Jessup ist, erwartungsgemäß, großartig und das finale Duell zwischen Nicholson und Cruise, in dem der junge Anwalt mit dem sich für deutsche Ohren lustig anhörenden Namen Daniel Kaffee sozusagen für seine Mandanten bei Colonel Jessup nur mehr auf das menschliche Phänomen des „Gesteh-Zwangs" hoffen kann, ist Filmgeschichte. Gäbe es heute auch nur einen *einzigen* Film in den Kinos, der diese Mischung aus Unterhaltsamkeit und Intelligenz, die Rob Reiners (Reiner ist übrigens der Sohn des *Dead Men Don't Wear Plaid-/Tote tragen keine Karos*-Regisseurs Carl Reiner) Werk ausmacht, versprühen würde, dann wäre die Kino-Landschaft wahrlich wieder eine etwas bessere!

Auch Sydney Pollacks erfolgreiche John Grisham-Verfilmung *The Firm* (Die Firma; 1993) kann als gelungen bezeichnet werden, wenngleich der Film vielleicht eine Spur zu lang geraten ist und in Pollacks beeindruckender Filmographie, zu der etwa Meisterwerke wie *Three Days of the Condor* (Die drei Tage des Condor; 1975) oder *Out of Africa* (Jenseits von Afrika; 1985) zählen, irgendwie ein wenig untergeht, da das Werk ganz auf Cruise zugeschnitten ist – ein Robert Redford hat sich da besser in Pollacks filmisches Universum eingeordnet bzw. in dessen filmischem Universum „untergeordnet". Auch einige Nebenfiguren, wie zum Beispiel die Sekretärin Tammy, die von Holly Hunter gespielt wird, kommen etwas schräg daher, wobei man sich als Zuseher nicht sicher ist, ob das so gewollt war. Eine glatte Fehlbesetzung ist aber auf jeden Fall David Strathairn als Cruises Bruder Ray, denn irgendwie hat man bei den beiden nie wirklich das Gefühl, dass das Brüder sein könnten, vielmehr, dass „Ray McDeere" Strathairn von einem gänzlich anderen Planeten als „Mitch McDeere" Cruise kommt. Das *eigentliche* Herzstück des Films ist aber ohnehin Gene Hackman als Cruises Mentor Avery Tolar, eine desillusionierte, korrumpierte und gebrochene Anwalts-Figur, ein „Character", wie ihn, und das weiß man seit William Friedkins *The French Connection* (French Connection – Brennpunkt Brooklyn; 1971), kaum jemand besser als Hackman spielen kann. Ach ja, und in der Kategorie „*unnötige Szenen, die die Handlung nicht vorantreiben*" hat *The Firm* auch einen absoluten Knaller zu bieten, denn warum Tom Cruise/Mitch McDeere so ganz spontan neben einem farbigen Jungen, der Flic Flacs macht, plötzlich, sozusagen im Vorbeigehen, auch Flic Flacs macht weiß keiner so genau – nur um das „dynamische Wesen" der Hauptfigur zu unterstreichen, hätte es die Szene nicht unbedingt gebraucht.

Gott sei Dank gehört das Flic Flac-Machen seit damals nicht zum Standardrepertoire von Tom Cruise-Filmen, wie der übliche Wutausbruch, das Stühle- oder Sachen-Herumwerfen oder das Nach- und Herumlaufen. Was das Letztere betrifft, nämlich das Laufen, so sprengt Cruises Jack Reacher-Fortsetzung *Jack Reacher: Never Go Back* (Jack Reacher – Kein Weg zurück; 2016; Regie: Edward Zwick; literarische Vorlage: Lee Child) jeglichen Rahmen, denn es wird darin langsam gelaufen, schnell gelaufen, gemeinsam gelaufen, allein gelaufen, nach links gelaufen, nach rechts gelaufen usw. Wenn man will, ist *Jack Reacher: Never Go Back* sicherlich einer der teuersten Filme, die je über das Laufen gedreht worden sind :-), nur: Laufen alleine macht noch keine Dynamik und schon gar keinen dynamischen Film!

Neben dem exquisiten *Interview with the Vampire: The Vampire Chronicles* (Interview mit einem Vampir; 1994;

Regie: Neil Jordan; literarische Vorlage: Anne Rice), dem ich mich gleich zuwenden werde, und dem etwas überkandidelten aber erfolgreichen „romantic comedy-drama sports film" *Jerry Maguire* (Jerry Maguire – Spiel des Lebens; 1996; Regie: Cameron Crowe), für den Cuba Gooding Jr. den Nebenrollen-Oscar gewonnen hat (Gooding Jr.'s Oscar-Rede von damals, dieses „*Tom Cruise, I love you*"-Geschrei, ist ja mittlerweile Oscar-History!), gehört natürlich auch *Mission: Impossible* (1996; Regie: Brian De Palma), der erste Teil der zwischenzeitlich ja bald sechs Teile umfassenden Filmreihe, zur Cruise-Filmographie der 90er.

Der Superagent Ethan Hunt, den Cruise in der Filmreihe spielt, hat sich überraschenderweise als Dauerbrenner in der Kinolandschaft der letzten zwanzig Jahre erwiesen und man freut sich tatsächlich, wenn man hört, dass ein neuer Teil im Anmarsch ist, noch dazu, seitdem die *Mission: Impossible*-Formkurve nach dem schwächeren (und auch irgendwie recht *seltsamen*) dritten Teil *Mission: Impossible III* (2006; Regie: J. J. Abrams), den meines Erachtens nur der 2014 verstorbene Philip Seymour Hoffman vor dem Total-Absturz rettet, bei den Teilen 4 (*Mission: Impossible – Ghost Protocol*/dt.: Mission: Impossible – Phantom Protokoll; 2011; Regie: Brad Bird) und 5 (*Mission:*

Impossible – Rogue Nation; 2015; Regie: Christopher McQuarrie) wieder deutlich gestiegen ist. Noch dazu scheint die *Mission: Impossible*-Reihe weit und breit Cruises einziges kommerzielles Flaggschiff zu sein, auf das er sich weiterhin relativ sicher verlassen kann und bei dem die Kinogeher bereit sind zu vergessen, dass es sich bei ihm um keinen *so* angesagten Star mehr handelt.

Was den ersten Teil von 1996 betrifft, so muss man sagen, dass dieser natürlich recht ansprechende Unterhaltung und einen Tom Cruise auf dem Gipfel seines Erfolges (*Mission: Impossible* war der vierte von fünf Filmen, die hintereinander die 100 Millionen-Dollar-Einspielmarke in den USA gesprengt haben) bietet. Die Fans von Regie-Legende Brian De Palma, und ein wenig zähle ich mich auch dazu, werden das anders sehen, denn der Agenten-Thriller kann natürlich in keiner Weise mit De Palma-Filmen wie *Carrie* (Carrie – Des Satans jüngste Tochter; 1976), *Dressed to Kill* (1980), *Blow Out* (Blow Out – Der Tod löscht alle Spuren; 1981), *Scarface* (1983) oder auch *The Untouchables* (The Untouchables - Die Unbestechlichen; 1987) oder meinetwegen auch *Carlito's Way* (1993) mithalten. De Palma hat also, mit Cruise als alles überstrahlenden Hauptdarsteller, ein wenig das „Sydney Pollack-*The Firm*-Syndrom" ereilt, wobei De Palma aber die

Chance zur Abwechslung mal wieder einen *richtigen* Hit zu landen mit Sicherheit wichtiger war als sozusagen die große Filmkunst.

Ganz und gar zu *seinem* Film hat aber der legendäre chinesische Regisseur und Action-Virtuose John Woo *Mission: Impossible II* (2000) gemacht, wobei er allerdings seinem Hauptdarsteller Cruise mit der Kletterszene, die zu Beginn des Films zu sehen ist, ein *einmalig eitles* Denkmal gesetzt hat, das immer wieder herrlich anzusehen ist – viele Schauspieler würden regelrecht morden, um *so* stylisch in Szene gesetzt zu werden :-).

Mit *Mission: Impossible II* geht es mir aber so wie mit fast allen John Woo-Filmen: Ich weiß nicht so recht, was ich letzten Endes davon halten soll, aber das geht mir, wie angedeutet, auch bei den ausgewiesenen Woo-Klassikern und Kritiker-Lieblingen wie *A Better Tomorrow* (City Wolf; 1986), *The Killer* (1989), *Bullet in the Head* (1990) oder *Hard Boiled* (1992) so. Speziell diese erste *Mission: Impossible*-Fortsetzung aber kommt mir manchmal genial, dann wieder von mir persönlich überbewertet und tatsächlich auch als das „sinnfreie Spektakel" vor, das viele Kritiker in ihm gesehen haben, ganz entgegen ihrer sonstigen Einstellung zu den Werken des Regisseurs. Aber bei jemanden wie mir, der einige Zeit lang ausgerechnet *Hard*

Target (Harte Ziele; 1993), Woos nicht gerade künstlerisch angesehenes US-Debüt mit Jean-Claude Van Damme in der Hauptrolle, gut fand, bei dem ist wohl in Sachen John Woo ohnehin Hopfen und Malz verloren :-). Noch dazu fällt Woo für mich in eine Kategorie von Regisseuren, die sich zwar einen gewaltigen Ruf in der Filmwelt und bei Film-Fans erarbeitet haben, bei denen man sich aber nicht sicher sein kann, ob sie einem nicht geschickt ihre inszenatorischen Schwächen als Genialität verkaufen. Sicher in Zusammenhang mit John Woo ist für mich nur eins, nämlich, dass *Face/Off* (Face Off – Im Körper des Feindes; 1997) mit John Travolta und Nicolas Cage ein *eindeutig guter* Film ist, vor allem dank der Leistung und des einmaligen Charismas von John Travolta, meinem zweiten *heimlichen* Lieblingsschauspieler.

In den 2000er-Jahren, in denen sich Cruise dann, nach einer Reihe weiterer Hits, langsam aber sicher, durch Scheidungen und durch durchgeknallte Fernsehauftritte, wie den 2005 in der *Oprah Winfrey Show*, in der er auf Winfreys Couch herumgesprungen ist (weil er angeblich so verliebt in seine nunmehrige Ex-Frau Katie Holmes war), zu einer Hassfigur in Hollywood entwickelt hat, sticht vor allem ein Film hervor, der eine außergewöhnliche Qualität besitzt, nämlich Michael Manns *Collateral* (2004). Dieser „neo-noir crime thriller film" ist, nach dem Robert De Niro-/Al Pacino-Räuber und Gendarm-Duell *Heat* (1995) der zweitbeste Film, den Michael Mann je gedreht hat, aber mit Sicherheit *einer der besten Thriller der 2000er* und auch Tom Cruise als eiskalter Auftragskiller mit grau ge-färbtem Haar, der in das Taxi von Jamie Foxx steigt und sich im nächtlichen L.A. von einem Mordauftrag zum an-deren kutschieren lässt, bietet darin eine der besten Leis-tungen seiner Karriere.

Eines wurde allerdings in den 2000er-Jahren auch klar, nämlich, dass die *vermeintliche* Traum-Paarung Steven Spielberg und Tom Cruise zwar auf dem Papier klarer-weise geballte „Hollywood-Super-Power" ergibt, aber ge-meinsam keinen *wirklich* guten Film zusammenbringt. Denn sowohl *Minority Report* (2002; literarische Vorlage: Philip K. Dick) als auch *War of the Worlds* (Krieg der Wel-ten; 2005; literarische Vorlage: H. G. Wells), eine Neuver-filmung des Buch-Klassikers, den einst auch Orson Welles 1938 zu einem legendären Hörspiel verarbeitet hat, kom-men irgendwie prätentiös daher und scheitern an ihren ei-genen Ansprüchen, wie zum Beispiel im Fall von *War of the Worlds* daran, unbedingt das 9/11-Trauma miteinarbei-ten zu müssen. Nein, nein - da sind mir andere Cruise-

Filme aus den letzten sechzehn Jahren, wie vor allem der unterhaltsame *The Last Samurai* (Last Samurai; 2003; Regie: Edward Zwick) oder der harmlose aber amüsante *Knight and Day* (2010; Regie: James Mangold) mit Cameron Diaz, weit lieber.

Interview with the Vampire: The Vampire Chronicles (1994)

Es gibt Filme, wie diesen *vermeintlichen* „Tom Cruise-Film", die niemand, wenn man an gewisse Kategorien denkt, wie zum Beispiel an die der „*abgründigsten Filme der 90er*", auf der Rechnung hat. Ganz gleich geht es einem etwa auch, wenn die „*besten Musik-Alben der 80er*" oder dergleichen aufgezählt werden und dabei *ärgerlicherweise* stets das Album *Scoundrel Days* von der norwegischen Pop-Gruppe *a-ha* unterschlagen wird, ein Album, dessen eigentlich düstere Lyrics teilweise sogar die von Roger Waters zu besten *Pink Floyd*-Zeiten in den Schatten stellen.

Der irische Regisseur Neil Jordan hat, neben *Interview with the Vampire: The Vampire Chronicles*, eine ganze

Menge erstaunlicher Filme gedreht. Der erstaunlichste davon ist sicherlich das Thriller-Meisterwerk *The Crying Game* aus dem Jahr 1992, das virtuos die Themen Nationalität, Gender und Sexualität vor dem Hintergrund des Nordirland-Konflikts behandelt und der im Übrigen über einen wunderbaren Titelsong, gesungen von Boy George, verfügt. Völlig zurecht erhielt Jordan für diesen reichlich originellen Mix aus Liebesgeschichte und Psychothriller den Oscar für das „beste Originaldrehbuch".

Dass ein *morbides* und gleichzeitig sogar irgendwie *anspruchsvolles* Werk wie Jordans Verfilmung des berühmten Vampir-Romans von Anne Rice, die darin auch den Tod ihrer kleinen Tochter verarbeitet hat, überhaupt das Studio-System in Hollywood passieren konnte, wäre ein Wunder, wenn der Hauptdarsteller eben nicht Tom Cruise geheißen hätte, dem man nach den Riesenerfolgen mit *A Few Good Men* und *The Firm* wohl so schnell keinen Rollenwunsch ausgeschlagen hat (Brad Pitt, der in dem Film weit mehr Screen-Time als Cruise hat und vielleicht sogar die *wirkliche* Hauptrolle, nämlich den unglücklichen Vampir Louis, spielt, war damals ja noch eher am Anfang seiner Karriere).

Aber das ungewöhnliche Ergebnis kann sich sehen lassen, denn Tom Cruise spielt den Vampir Lestat de Lioncourt, so der vollständige Name, ohne vieler seiner üblichen „Filmstar-Mätzchen" als schrecklich sadistisches Monster mit homoerotischen Tendenzen und schuf somit eines der *besten Film-Monster der 90er-Jahre*, die ja bekanntlich mit Hannibal Lecter aus Jonathan Demmes *The Silence of the Lambs* (Das Schweigen der Lämmer; 1991) eines der größten haben. Selbst die Autorin der Vorlage, also Anne Rice, hat ihre anfängliche Skepsis angesichts der Tatsache, dass *ausgerechnet* der „Strahlemann" Tom Cruise Lestat spielt, ablegen müssen, als sie das Endergebnis betrachten konnte.

Wann immer ich mit jemanden über den Film rede, kommen wir automatisch, neben der Tatsache, dass der Film eben ganz und gar nicht so leicht verdaubare Kost ist, auf Cruises schauspielerische Glanzleistung zu sprechen und irgendwie hatte stets jeder, wie auch ich selbst, das Gefühl, dass in Lestat vielleicht mehr vom „*echten* Tom Cruise" stecken könnte als in vielen seiner anderen Rollen. Ähnlich ergeht es einem im Zusammenhang mit dem Schauspieler nur mit dessen Oscar-nominierten Nebenrolle in Paul Thomas Andersons *Magnolia* (1999), wo Cruise einen „Guru mit Vaterproblemen" namens Frank T. J. Mackey spielt, der als Motivator und Trainer Männern „frauenfeindliche Aufreißertechniken" beibringt.

Neil Jordans Werk, in dem ganz allgemein eine *erstaunlich* düstere Atmosphäre herrscht wie kaum in einem anderen Hollywood-Mainstream-Film der 90er und in dem die Figuren teilweise aussehen wie auf frühen Farbfoto-Experimenten aus dem 19. Jahrhundert, verfügt dementsprechend über eine ganze Reihe abgründiger und auch brutaler Szenen, in deren Mittelpunkt meist Tom Cruises Lestat steht. So beißt er einmal einer jungen Frau in die Brust und lässt diese dann blutend und mit blutigem Kleid herumlaufen, sperrt sie dazwischen, bevor er sie tötet, in einen Sarg und setzt sich auf diesen drauf, eben weil es ihm, wie er dem entsetzten Brad Pitt auf dessen Frage warum er denn so etwas tue hin mitteilt, *Spaß* macht. Ein anderes Mal tanzt er mit der toten und bereits verwesenden Mutter des Mädchens Claudia (gespielt von Kirsten Dunst), das er in der Folge ebenfalls zu einem Vampir (genauer: zu einer „Kinder-Vampirin") macht, herum und singt dabei noch ein beschwingtes französisches Lied. Mitleidlosigkeit und Freude am Sadismus, die Lestat ausmachen, treffen auf Empathie und Verletzlichkeit, die seinen Gefährten Louis, trotz der Tatsache ebenfalls ein Vampir zu sein, charakterisieren. „Es ist so einfach, dass sie einem fast leidtun", lautet ein Satz Lestats, der die Einstellung dieser Figur zu den Opfern ihrer mörderischen nächtlichen Aktivitäten gleichsam definiert.

Ein Ereignis für sich ist aber natürlich auch die damals 11-jährige Kirsten Dunst, die bravourös die „Ziehtochter" der beiden Hauptfiguren, Claudia, spielt, welche sich aber als eine nicht weniger effiziente und verschlagene „Mordmaschine" als Lestat erweist und sogar dessen vermeintliches Ende herbeiführt. Ihre Worte in der Szene, in der der zuvor von ihr mit vergiftetem Blut versorgte Lestat gleichsam sterbend auf dem Boden liegt, zeugen von der poetischen Note, die Neil Jordan teilweise in seine Dialoge gepackt hat:

CLAUDIA

Gute Nacht, süßer Prinz. Mögen Teufelsscharen dich
auf ihren Schwingen zur Ruhe tragen.

Dass Lestat nach nur der Hälfte des Films dann natürlich doch nicht ausgelöscht ist, versteht sich fast von selbst und die finale Szene, in der Lestat den Journalisten Daniel

Malloy (gespielt von Christian Slater, der in der Rolle übrigens der Ersatzmann war für den 1993 verstorbenen River Phoenix, dem sogar der ganze Film gewidmet ist) beißt, das Steuer in dessen Auto übernimmt und sich halb sarkastisch halb ironisch über Louis' Interview äußerst, das aus den Lautsprechern des Autoradios ertönt, ist nicht nur witzig, sondern versöhnt auch die Tom Cruise-Fans, die, bis auf eine kurze Ausnahme, fast vierzig Minuten lang auf das Comeback des uneingeschränkten Stars des Films haben warten müssen. Und die Tatsache, dass dieses Lestat-Comeback zu der Musik von *Guns N' Roses*, die den Rolling Stones-Klassiker *Sympathy for the Devil* covern, geschieht, ist für einen alten *Guns N' Roses*-Fan wie mich dann noch zusätzlich erfreulich.

EPILOG

1999 musste ich mich einem kleinen chirurgischen Eingriff unterziehen. Am zweiten Abend meines Spitalsaufenthalts traf ich einen Mann, der ohnehin einer meiner Zimmergenossen war, auf dem Gang des Spitals und wir starteten ein Gespräch über Filme, in dem wir irgendwann auch auf Tom Cruise gekommen sind, wahrscheinlich deshalb, weil ich das Gespräch dorthin gleitet hatte :-). Es war, glaube ich, das einzige Mal, dass ich jemanden getroffen habe, der die Dinge in Bezug auf diesen Schauspieler ähnlich gesehen hat wie ich. Wo immer dieser Mann, der beruflich Autos überstellt hat, auch sein mag, und wenn er in der Zwischenzeit sozusagen vielleicht auch nicht mehr sein mag, ich danke ihm für das tolle Gespräch, das wir in dieser Nacht über unseren „heimlichen Lieblingsschauspieler" Tom Cruise geführt haben!

(April 2018)

Oliver Stones **Natural Born Killers** (1994)

oder: *Warum Serienkillerfilme heutzutage aus der Mode gekommen sind...*

I

When I get mad and I get pissed
I grab my pen and I write out a list
Of all the people who won't be missed
You've made my shitlist
L7 – Shitlist (*Natural Born Killers*-Soundtrack)

Give me back my broken night
my mirrored room, my secret life
it's lonely here,
theres no one left to torture
Give me absolute control
over every living soul
And lie beside me, baby,
that's an order!
Leonard Cohen – The Future (*Natural Born Killers*-Soundtrack)

Wenn Sie sich jetzt, angesichts der beiden Zitate, die aus Liedern stammen, die Teil eines der besten und vor allem eines der, dank *Nine Inch Nails*-Mastermind Trent Reznor, *am besten produziertesten Soundtracks der Filmgeschichte* sind, nämlich des Soundtracks zu Oliver Stones Serienkillerepos *Natural Born Killers* (1994; nach einer Story von Quentin Tarantino), vielleicht denken *Mein Gott, wie abgedroschen ist denn bitte das!*, so haben Sie völlig recht. Denn: Der Spirit, der diese Zitate trägt, ist in der heutigen Filmlandschaft schlichtweg nicht mehr vorhanden!

Der Umgang mit Gewaltdarstellung im Film war in den 90ern, vor allem dank oder zumindest *wegen* Quentin Tarantino, ein anderer als heute, wo man ganz *generell*, nicht nur auf die Kunst bezogen, ohnehin von einer Art „neuem Biedermeier" sprechen könnte, was ganz klar eine Reaktion ist auf die neuartigen konkreten Bedrohungen, die jeder Einzelne von uns tagtäglich ausgesetzt ist.

Dass sich so ein insgeheimes „neues Biedermeier" auch auf Kino-Sehgewohnheiten auswirkt, scheint ebenfalls klar. Das Publikum hat genug von *Freaks* und *Losern*, sondern es will Superhelden beim Siegen über das Böse zusehen. Das Publikum möchte keinem Travis Bickle, der Hauptfigur aus Martin Scorseses Meilenstein *Taxi Driver*

(1976), dabei zusehen, wie er langsam dem Wahnsinn verfällt, wie er Selbstgespräche vor dem Spiegel führt und schließlich ein Attentat auf einen Politiker plant. Es möchte auch keinem Gangster zusehen, der einem Polizisten, so wie das in Quentin Tarantinos wegweisendem Regie-Debüt *Reservoir Dogs* (1992) der Fall ist, ein Ohr abschneidet, oder einer Loser-Figur wie Jeffrey „The Dude" Lebowski zusehen, die als herrlicher *Antiheld* durch den Coen-Brothers-Geniestreich *The Big Lebowski* (1998; Regie: Joel Coen) tölpelt. Nein, das Publikum von heute möchte eben, tendenziell, eher *Ironman* oder *Spiderman* oder *Thor* oder *Hulk* dabei zusehen, wie diese Figuren die gesamte Welt, das gesamte Universum, retten, so wie das eben in den durchaus sogar auch sehenswerten Megahits *Marvel's The Avengers* (2012; Regie: Joss Whedon) oder *Avengers: Age of Ultron* (2015; Regie: Joss Whedon) der Fall ist.

Die 90er-Jahre boten für jemanden wie mich, der sich für Serienkiller-Figuren, und zwar für reale sowie auch natürlich vor allem für fiktionale, von jeher interessiert hat, eine ganze Menge „Stoff", und unter diesem „Stoff" waren natürlich auch so populäre Werke wie der legendäre 5-Haupt-Oscars-Abräumer *The Silence of the Lambs* (1991;

Das Schweigen der Lämmer) von Jonathan Demme oder der mittlerweile auch längst zum Klassiker gewordene *Seven* (1995; Sieben; stilisiert auch als: *Se7en*) von David Fincher. Aber natürlich gab es schon vor den 90ern einige Highlights des Genres „Serienkiller-Film", wenngleich auch nicht unbegrenzt viele, denn kein Genre ist so gefährdet sich am Rande der Lächerlichkeit zu bewegen oder gänzlich in den Trash abzudriften.

Mit gutem Gewissen als, schon etwas älteres, Genre-Highlight könnten man beispielsweise den „black comedy horror film" *The Driller Killer* (1979; Driller Killer – Der Bohrmaschinenkiller), das Regiedebüt der New Yorker Independent Film-Legende Abel Ferrara, bezeichnen, in dem Ferrara, der im Übrigen selbst die Hauptrolle spielt, bereits jenes Gespür für die „kontroverse Umsetzung kontroverser Themen" zeigt, die seine späteren Meisterwerke, wie den Rape-and-Revenge-Film *Ms. 45* (1981; Die Frau mit der 45er Magnum) oder den brutalen Gangsterfilm *King of New York* (1990; King of New York – König zwischen Tag und Nacht) mit Christopher Walken oder den großartigen *Bad Lieutenant* (1992) mit Harvey Keitel, der darin als drogen- und wettsüchtiger Polizist eine der besten Leistungen seiner langen Karriere abgeliefert hat, ausmachen.

Als Genre-Highlights Erwähnung finden müssen aber auch populäre Schocker wie Tobe Hoopers mittlerweile ja fast zum Allgemeingut gehörender und auch durchaus subtil inszenierter *The Texas Chain Saw Massacre* (1974; Blutgericht in Texas), in dem der Killer „Leatherface" (reales Vorbild soll ja der berühmt berüchtigte „nekrophile Farmer" Edward Gein gewesen sein) mit der Kettensäge sein Unwesen treibt, oder der Slasherfilm-Klassiker *Maniac* (1980) von William Lustig, in dem der schizophrene Serienmörder Frank Zito mit der Kleidung und den Skalps seiner zumeist weiblichen Opfer Schaufensterpuppen in seiner Wohnung dekoriert. Von beiden Filmen, sowohl von *The Texas Chain Saw Massacre* als auch von *Maniac*, gibt es mittlerweile Remakes, aber weder *The Texas Chain Saw Massacre* (Michael Bay's Texas Chainsaw Massacre; Regie: Marcus Nispel) von 2003 oder *Maniac* (Alexandre Ajas Maniac; Regie: Franck Kalfoun) von 2012 wissen wirklich zu überzeugen, denn beide Filme sind atmosphärisch *meilenweit* von den düsteren Originalen entfernt und im Falle von *Maniac* ist es vor allem der Hauptdarsteller Elijah „Frodo Beutlin" Wood, der so ganz und gar nicht an den morbiden „Original-Frank Zito" Joe Spinell heranreicht.

Ein schlechtes Remake gibt es, wenn ich es recht bedenke, aber auch von einem meiner Geheimtipps, nämlich *The Hitcher* (1986; Hitcher, der Highway-Killer; Regie: Robert Harmon), mehr ein Videotheken- denn ein Kinoklassiker, dem ich aber nur jedem ans Herz legen kann, der sich für Filme mit Serienkiller-Figuren interessiert oder für *gute* Filme mit Rutger Hauer. Leider hat der charismatische Niederländer Rutger Hauer viel zu wenige wirklich gute Filme in Hollywood drehen dürfen, *The Hitcher* ist aber ganz gewiss, neben dem meines Erachtens aber gnadenlos überschätzten Ridley Scott-Kult-Science Fiction-Harrison Ford-Film *Blade Runner* (1982), einer davon. Wenn Hauer als Highwaykiller, gewissermaßen als „Fremder ohne Namen", der Herr über das Schicksal anderer spielen will, mit seinem langen flatternden Mantel durch die staubigen Straßen wandelt, dann sind die Italo-Western von Sergio Leone mit Clint Eastwood nicht weit. Auch hier wiederum gilt: Besser Finger weg von Dave Meyers grauenhaftem Remake *The Hitcher* aus 2007!

Unerwähnt, wenn es darum geht, über gute oder interessante Filme zu sprechen, die von Killern oder Serienkillern handeln, dürfen aber auch nicht einige Werke von den Speer-Spitzen des italienischen Giallo- (Anmerkung: *Giallo* ist ein spezifisch italienisches Subgenre des Thrillers, das in den 60ern und 70ern seinen Höhepunkt hatte und in dessen Mittelpunkt meist die Aufdeckung einer Mordserie steht) und Horrorkinos, nämlich Dario Argento und Lucio Fulci, bleiben. Argento, der zurecht als *einer der besten Horrorfilm-Regisseure* gilt und dem die Film- und Horrorfilmwelt Meisterwerke wie *Suspiria* (1977), *Inferno* (1980) oder *Phenomena* (1985) verdankt, hat speziell mit *Profondo Rosso* (1975; Profondo Rosso - Die Farbe des Todes) eines der extravagantesten, atmosphärisch mitreißendsten und düstersten Werke des Giallo-Kinos geschaffen, in dessen Zentrum eben, ganz genregerecht, die Taten eines „kranken Gemüts" liegen. Ebenso wie *Profondo Rosso* kommt auch *Tenebrae* (1982; Tenebrae - Der kalte Hauch des Todes) aus dem Jahre 1982, ganz entgegen Argentos sonstiger Gewohnheit, ohne okkulte Elemente daher und bietet das sehenswerte und morbid-spannende Porträt eines mordenden Bestseller-Autors.

Die Filme des 1996 verstorbenen Lucio Fulci erreichen zwar nie die Qualität einiger Argento-Werke, sind aber für Horror- oder Giallo-Fans Pflichtprogramm. So entpuppt sich zwar der Fulci-Klassiker *Ein Zombie hing am Glockenseil* (1980; Paura nella citta dei morti viventi) nicht als jener *Über*-Zombie-Film, der er aufgrund seines ihm vorauseilenden Rufes sein könnte, das Werk verfügt aber über ein paar atmosphärisch dichte Bilder, die einem im Gedächtnis bleiben. Wegen „Gewaltverherrlichung" überhaupt 1986 bundesweit in Deutschland beschlagnahmt wurde der eindeutig dem Giallo-Genre zuordbare *Der New York Ripper* (1982; Lo squortatore di New York). Den Film kann man wahrlich nicht im herkömmlichen Sinne als „gelungenen Beitrag zum Thema" bezeichnen, denn über die schräge Tatsache, dass der im Film mit seinen Morden die Stadt New York terrorisierende Serientäter seine Stimme hell kreischend wie *Donald Duck* verstellt, lässt sich irgendwie schwer hinwegsehen :-). Dennoch: Wer eine *wirklich* brutale Mordszene sehen will, vielleicht die *expliziteste* und *brutalste*, die je gedreht worden ist, die Rede ist von dem Mord an der jungen Prostituierten Kitty, den der „New York Ripper" im Laufe des Films begeht, der wird in diesem teilweise etwas wirren Werk absolut fündig.

Aber gehen wir doch zeitlich wieder dahin, wo mein Ausgangspunkt war, nämlich zurück in die 90er-Jahre, in denen ich mir, bewaffnet mit meinem *absoluten* Lieblingsbuch, nämlich mit Bret Easton Ellis' berühmt-berüchtigten sowie äußerst umstrittenen Serienkiller-Roman *American Psycho* (1991), und der damals „kleinen inoffiziellen öster-

reichischen Bibel" zum Thema Serienkiller und Film, nämlich Christian Fuchs' den 90er-Zeitgeist recht gut wider-
spiegelnden Buch *Kino Killer-Mörder im Film* (1995), ein
wenig so vorgekommen bin, wie es die folgenden Text-
Zeilen, die von meinem Lieblingsrapper *Eminem* stammen,
beschreiben:

> *How many people you know who can name every*
> *serial killer who ever existed in a vow*
> *put 'em in chronological order beginning with Jack*
> *the Ripper*
> *name the time and place from the body the bag the*
> *zipper*
> **Eminem** – Must Be The Ganja (aus dem 2009er-Al-
> bum *Relapse*)

Naja – vielleicht verkläre ich das im Nachhinein ein
wenig :-).

Kommen wir also zu dem *vermeintlichen* Opus Magnum der Serienkiller-Filme, nämlich dem allgemein als
Meisterwerk geltenden *The Silence of the Lambs*. Verstehen Sie mich nicht falsch, der Regie-Oscar für den mittlerweile leider verstorbenen Jonathan Demme, der eine Reihe

qualitativ wahrlich sehr unterschiedlicher Filme gedreht hat, von wahren Meisterwerken wie dem bahnbrechenden *Talking Heads*-Konzertfilm *Stop Making Sense* (1983) oder der hippen Krimikomödie *Something Wild* (1986; Gefährliche Freundin) bis zu eher belanglosen Filmchen wie *Married to the Mob* (1988; Die Mafiosi-Braut) ist da alles dabei, war absolut verdient, denn inszeniert ist das Ganze meisterhaft, aber dieser Multi-Oscar-Film nach der literarischen Vorlage von Thomas Harris verfügt in Wahrheit über eine recht plakative Story voller Holzhammer-Psychologie und über eine Hauptfigur, Dr. Hannibal Lecter (gespielt bekanntlich von Anthony Hopkins), die unrealistischer nicht sein könnte, weil sie eben dem Mythos vom „superintelligenten Serienkiller" huldigt, und „superintelligente Serienkiller" kommen in der Realität einfach nicht vor. Auch das titelgebende „Lämmer-Trauma", das Clarice Starling (gespielt von Jodie Foster) plagt und das sie Dr. Lecter im Film einmal zum Besten gibt, wirkt, retrospektiv betrachtet, eher aufgesetzt als sonst irgendwas. Von dem Killer Jame Gumb (gespielt von Ted Levine), „Buffalo Bill" genannt, der ein Kleid aus Menschenhaut fabriziert, rede ich erst gar nicht.

Wer einen *wirklich guten* Film mit der Figur Hannibal Lecter sehen will, der darf sich aber keinesfalls an das teilweise tatsächlich geschmacklose Ridley Scott-Spektakel *Hannibal* (2001; literarische Vorlage: Thomas Harris) halten, sondern schon eher an die erste Verfilmung des Romans *Red Dragon* (1981; dt. Titel: Roter Drache) von Thomas Harris, betitelt mit *Manhunter* (1986; Blutmond). Michael Manns Film, eines der *heimlichen Meisterwerke der 80er*, bietet zwar einen Dr. Lecter (gespielt hier von Brian Cox), der wenig Screen-Time hat und auch wenig Eindruck hinterlässt, dafür aber eine speziell für die Filmwelt der 80er-Jahre wahrlich ungewöhnliche emphatische Ermittlerfigur namens Will Graham, den der spätere „Mister *C.S.I.*" William L. Petersen weit eindrucksvoller spielt als etwa Edward Norton in Brett Ratners lahmen Remake *Red Dragon* (Roter Drache) aus dem Jahr 2002.

Die zweifellos beste Arbeit zum Thema Hannibal Lecter ist aber ganz klar die 39 Folgen umfassende Fernsehserie *Hannibal* (2013-2015), die von Bryan Fuller entwickelt wurde und in der der James Bond-*Casino Royale*-Bösewicht Mads Mikkelsen phänomenal und vor allem *subtil* den kannibalischen Psychiater spielt sowie Hugh Dancy die von ihren empathischen Fähigkeiten regelrecht gequälte Ermittlerfigur Will Graham. Die Serie kann man guten Gewissens als *Meisterstück moderner Fernsehkunst* bezeichnen, denn sie ist voller ungewöhnlicher, eindringlicher, fieberhafter Bilder, die einem beim Zusehen fast wehtun. Aber da liegt auch schon ein wenig das Problem der Serie, der ein größerer Publikumszuspruch leider versagt geblieben ist: Sie bereitet einem ganz sicher keine „angenehmen Gefühle", sie ist nicht im *herkömmlichen* Sinne unterhaltsam, oder *so* unterhaltsam, als hätte sie eventuell der dänische Regisseur Lars von Trier (z. B.: 1996: *Breaking the Waves*; 2009: *Antichrist*; 2011: *Melancholia*; 2013: *Nymphomaniac* Vol. I & Vol. II) in einer seiner berühmten „depressiven Phasen" inszeniert, was gar nicht abwertend gemeint ist, aber zur Heilung von „depressiven Verstimmungen" würde ich sie nicht empfehlen :-).

Eine andere „Saat des Bösen" hat leider der visuell (dank der Bilder von Kameramann Darius Khondji) auf jeden Fall beeindruckende und auch sonst spektakuläre Thriller *Seven* eine Zeit lang in der Filmwelt installiert, denn David Fincher (z. B.: 1997: *The Game*; 1999: *Fight Club*; 2002: *Panic Room*), der mittlerweile ja zu den großen Filmemachern der Gegenwart gehört und auch für die einstmals gefeierte TV-Polit-Serie *House of Cards* (2013-

Gegenwart) mitverantwortlich ist, hat es gemeinsam mit dem *Seven*-Drehbuchautor Andrew Kevin Walker geschafft, das ganze Serienkiller-Genre in eine wahrlich bizarre und teilweise auch recht nervige Richtung zu lenken. Dank *Seven*, der wie das, qualitativ aber durchaus hochwertige, Gegenmodell zu gnadenlos realistischen sowie nüchternen und dementsprechend nicht gerade „publikumsfreundlichen" Filmen wie etwa John McNaughtons Kultfilm *Henry: Portrait of a Serial Killer* (1986; Anmerkung: mit „Henry" ist der berühmte US-Serienkiller Henry Lee Lucas gemeint) wirkt, hat man es in den Jahren darauf mit einer ganzen Reihe von „*Super*-Serienkillern" zu tun bekommen, deren betriebener Aufwand immer abenteuerlicher wurde, genauso wie die bizarren Tableaus und Szenarien, die sie den Ermittlern stets hinterlassen haben. *Kiss the Girls* (1997; ...denn zum Küssen sind sie da; Regie: Gary Fleder; literarische Vorlage: James Patterson) mit Morgan Freeman und Ashley Judd oder *The Bone Collector* (1999; Der Knochenjäger; Regie: Philip Noyce) mit Denzel Washington und Angelina Jolie sind dementsprechende Negativbeispiele für den fragwürdigen Trend, welchen *Seven* damals begründet hat.

Allerdings: Kevin Spaceys momentaner Status in Hollywood und die entsprechenden Gründe dafür sind ja allen bekannt, aber dass er ein guter Schauspieler war (und ist), davon kann man sich auch in *Seven* überzeugen, denn sein Kurzauftritt als Killer „John Doe" am Ende des Films ist gleichzeitig der Höhepunkt desselben. Eine *viel* unangenehmere, grusligere und bösartigere Aura kann man auf der Leinwand fast nicht erzeugen, als Spacey das in den wenigen Filmminuten, die ihm laut Drehbuch zur Verfügung gestanden haben, tut. Man ist sozusagen richtiggehend erleichtert, als Brad Pitt ihm mit seiner Schusswaffe dann endlich den Gar ausmacht.

Dieser Auftritt Spaceys ist auch deshalb irgendwie besonders erwähnenswert, weil er zeigt, wie wichtig es ist, dass man, wenn man irgendwelche großen Erwartungshaltungen bezüglich eines Antagonisten, eines Bösewichts oder „Super-Bösewichts" weckt, diese dann auch möglichst erfüllen sollte, weil sonst Werke dieser Art mit Schurken-/Killer-Figuren dieser Art zu leichter Verärgerung führen. Und das bringt mich zu etwas, das ich seit einigen Jahren in Unterhaltungen als „das große *Red John*-Desaster" bezeichne, denn in der an sich von mir sehr gemochten TV-Serie *The Mentalist* (2008-2015) wurden genau diese Erwartungshaltungen bezüglich der Serienkiller-/Superschurken-Figur „Red John", dem Gegenspieler der Hauptfigur Patrick Jane (Simon Baker), letztendlich so ganz und gar nicht erfüllt, ein Umstand, der mich im Oktober 2014 zu einer (im Übrigen viel zu lang geratenen :-)) Rezension auf *Amazon* bewogen hat, welche ich nun hier wiedergeben möchte:

Der "Mentalist" gehörte in den letzten Jahren zu den absoluten Serien-Highlights und war für mich persönlich etwas Besonderes - eine Serie eben, die ich als spannend, unterhaltsam und intelligent zugleich empfunden habe.

Hätte man mich nach meinen Lieblingsserien gefragt, dann hätte ich den „Mentalist" sogar gleich nach „Dexter" genannt, obwohl einige „Puristen" das sicherlich als „nicht adäquat" empfinden, diese beiden Serien auf fast ein Level zu stellen :-).

Aber von Staffel 1 bis inklusive Staffel 5, in der dann beispielsweise eine neue, interessante Figur wie Bob Kirkland auftaucht, war die Serie mit Simon Baker tatsächlich so etwas wie ein TV-Meisterwerk, das sich wohltuend vom Krimiserien-Allerlei, das einem sonst so präsentiert wird, abgehoben hat. Aber der Motor der ganzen Serie war halt zweifellos Janes obsessive Suche nach Red John. Und die Red John-Folgen waren dementsprechend auch die Highlights jeder Staffel, wobei eben auch die „normalen Folgen" mit „normalen CBI-Fällen" gut waren, weil eben immer dieser zentrale Antrieb der Hauptfigur beim Anschauen sozusagen im Hinterkopf des Zuschauers mitgeschwungen ist. Man wusste: Patrick Janes Suche würde weitergehen und Red John irgendwann wieder auftauchen! Nun, bei der sechsten Staffel ist etwas schief gegangen, und zwar ganz gewaltig!!!

Die Auflösung der Red John-Geschichte ist, gelinde gesagt, unbefriedigend und, was noch viel schwerer wiegt, sie nimmt einem die Freude an allen vorherigen Staffeln, weil man eben eine Person als Red John vorgesetzt bekommt, bei der es einem nur sehr schwer fällt, diese auch als jenen geheimnisvollen, abgrundtief bösen und vorher über fünf Staffeln lang regelrecht zum Mythos hochstilisierten Gegenspieler Janes zu akzeptieren! Man fragt sich immer: Was wurden da nur für Möglichkeiten verspielt ein wirklich mitreißendes, spannendes Endspiel zwischen Jane und Red John zu inszenieren!!!

So ist die Auflösung des, im wahrsten Sinne des Wortes, zentralen „roten Fadens", die sich über die ersten 8 Folgen der 6. Staffel hinzieht, nicht nur teilweise schludrig und sogar oberflächlich gemacht, sondern lässt einen verärgert zurück, weil es eben, wie schon angedeutet, unterlassen wurde, einen guten, charismatischen Gegenspieler zu präsentieren.

Dass das sehr wohl möglich ist, weiß man - man denke nur an das geniale, mitreißende Duell zwischen Holmes und Jim Moriarty (wirklich unnachahmlich gespielt von Andrew Scott!) im letzten Teil der zweiten Staffel von „Sherlock" - das brennt sich ins Gedächtnis ein und man kann sich diese Mini-Serie immer wieder ansehen, obwohl man dann natürlich weiß wie Moriarty aussieht etc.

Hier hingegen hat man dann bei all den starken und unheim-
lichen Momenten, die die Red John-Folgen über die Jahre und
Staffeln geboten haben, dann ausgerechnet d i e s e Figur vor
Augen und das Ganze kommt einem sogar leicht lächerlich vor
- mir persönlich geht es leider so und bisher hat sich an dem
Gefühl auch nichts geändert.

Aber auch was nach Red John kommt, dieser sogenannte
„Neustart" Janes beim FBI, ist nicht wirklich gelungen. Die ein-
zelnen Folgen sind ja durchaus nicht schlecht, aber sie haben
sozusagen nichts mehr, was sie im Hintergrund zusammenhält
oder gar eine Faszination aufrechterhält oder erzeugt. Konnte
ich es früher gar nicht erwarten, mir die einzelnen Folgen ent-
weder gleich oder eben aufgezeichnet am nächsten Tag anzu-
schauen, so vergehen mittlerweile fast schon 1-2 Wochen, bis
ich mich „erinnere" und die Folgen dann auf Video anschaue.
Was soll ich sagen: Der „Magic touch" der Serie ist eben mit
der schlecht aufgelösten Red John - Geschichte ebenfalls zu
Grabe getragen worden - leider...

So bleibt die Season 6 von „The Mentalist" nur ein Beleg
dafür, wie wichtig es für Serien ist, zu einem guten, befriedigen-
den Ende zu kommen und was für einen schalen Nachgeschmack
es hinterlässt, wenn dies, nach all den Jahren wirklich toller Un-
terhaltung, nicht gelingt.

(*Amazon*-Rezension aus dem Oktober 2014)

Mittlerweile habe ich mich aber sozusagen wieder „eingekriegt" und mein Zorn über das „große *Red John*-Desaster" ist größtenteils verflogen. Einen ernsthaften Impuls, mir die Serie wieder mal anzusehen, hatte ich allerdings auch nie mehr :-).

Irgendwie der letzte *wirklich* ernstzunehmende und gute Serienkiller-*Kinofilm* ist Mary Harrons *American Psycho* (2000), die Verfilmung des gleichnamigen und von mir weiter oben als *mein Lieblingsbuch* bezeichneten Skandalromans von Bret Easton Ellis. Gott sei Dank hat letztendlich Christian Bale die Rolle des killenden Yuppies Patrick Bateman erhalten und nicht, wie kurz angedacht, Leonardo DiCaprio, der wohl mit dieser Rolle seinen damals noch relativ frischen *Titanic*-Ruhm zielsicher versenken wollte. Obwohl das Werk, das noch dazu, angesichts der doch recht epischen Länge des Buches von weit über 500 Seiten, eine relativ kurze Laufzeit von nur knapp 98 Minuten hat, nicht ansatzweise mit der ganzen Monstrosität der literarischen Vorlage mithalten kann, so ist daraus zumindest ein seriöser „black comedy horror film" geworden, in dem Bale seine Sache mehr als gut macht und in jeder Sekunde des Films dem Zuschauer den mörderischen

Wahnsinn spüren lässt, der sich nur mühsam unter der glatten und perfekt gestylten Yuppie-Oberfläche Batemans zu verstecken weiß.

Die Vorwürfe der *Frauenfeindlichkeit* und *Gewaltverherrlichung*, die im Zusammenhang mit dem Buch *American Psycho* immer wieder aufgekommen sind, kann ich zwar verstehen, denn das ganze Werk ist in gewisser Weise tatsächlich *eine geschickte Gratwanderung zwischen Anspruch und Effekthascherei*, aber andererseits stellt sich mir auch die Frage: Kann ein Buch, in dessen Zentrum ein Serienkiller steht, der Frauen als Opfer bevorzugt, überhaupt *frauenfreundlich* sein angesichts der Tatsache, dass „frauenfreundliche Frauenmörder" wohl noch nicht erfunden worden sind?

Natürlich könnte man *auch* sagen, dass ein Autor, der den Impuls hat ein mehr als brutales Buch über einen Frauenmörder dieser Art zu schreiben, über einen Serienkiller, grundsätzlich nicht unbedingt ein Freund von Frauen sein kann.

Tja, die Sache ist, wie die ganze turbulente Rezeptionsgeschichte von *American Psycho* zeigt, nicht so leicht zu entscheiden. *Kunstwerk* oder *Machwerk*? Sicher ist nur, dass speziell der Roman *American Psycho* wohl noch nie jemanden kalt gelassen hat…

Besser als so ziemlich *jeder* Kinofilm zum Thema ist aber die TV-Serie *Dexter*, die von 2006 bis 2013 von Showtime produziert worden ist und die auf den *Dexter*-Romanen des US-Autors Jeff Lindsey basiert. Ich selbst habe jahrelang mit „*everyone's favorite serial killer*" mitgefiebert, mir jede Staffel sofort nach dem Erscheinen auf Englisch gekauft, sodass ich jetzt natürlich, wie Sie sich vielleicht vorstellen können, vor der Tatsache stehe, jede Staffel gleich doppelt, auf Englisch und auf Deutsch, zu besitzen :-).

Aber ich sage Ihnen was: Der „finanzielle Mehraufwand" hat sich acht Staffeln lang wirklich gelohnt!

Denn: *Dexter* ist spannend, mitreißend und intelligent zugleich. Letzteres, also intelligent, auch deshalb, weil sich in der Serie *sehr viele* Wahrheiten über die Persönlichkeitsstrukturen von Soziopathen und Psychopathen finden und weil auch die zerstörerischen Auswirkungen außerordentlich konsequent dargestellt werden, die Menschen mit derartigen Persönlichkeitsstrukturen auf ihre Umgebung und auf alle, die mit ihnen näher in Kontakt kommen, haben können. Und mit „zerstörerische Auswirkungen" ist hier natürlich *nicht* nur die Möglichkeit gemeint, von einem psychopathischen Killer ermordet zu werden.

Michael C. Hall spielt Dexter Morgan, den Spezialisten für Blutanalysen bei der Polizei von Miami, der in Wahrheit aber ein Serienkiller ist, der andere brutale Killer tötet, sehr subtil und bis in den kleinsten Augenaufschlag hinein glaubwürdig. Eine Leistung, für die er verdient, unter anderem, auch den Golden Globe als bester Hauptdarsteller in einer Fernsehserie gewonnen hat.

Die ganze Serie ist derartig gut inszeniert und gespielt, dass man sofort vergisst, wie reichlich unrealistisch, wenngleich auch faszinierend, die Disposition ist, von der sie ausgeht: Dexters pathologischer Zwang zu töten, den er in der Serie immer als seinen „dunklen Begleiter" bezeichnet, wurde von seinem Stiefvater schon in Dexters Kindheit erkannt und so kanalisiert, dass er ihn sozusagen „für die Gerechtigkeit" einsetzen kann, indem er mörderische Selbstjustiz übt.

Der gefeierten vierten Staffel von *Dexter*, die man auch mit „Krieg der Serienkiller" untertiteln könnte und die von der Kritik und dem Publikum, dank der grandiosen Leistung von John Lithgow als Dexter-Gegenspieler und Serienkiller „Trinity", gemeinhin als beste der gesamten Serie qualifiziert wird (ich selbst bevorzuge allerdings die Staffeln 2 und 7), verdanken wir *einen der grausigsten und schockierendsten Momente der TV-Geschichte*!!!

Denn ausgerechnet als alles vorbei scheint und Dexter den Trinity-Killer endlich zur Strecke gebracht hat und, wie üblich, zerstückelt und in einem Müllsack auf den Grund des Meeres versenkt hat, kommt Dexter nach Hause und findet dort seine Frau tot in einer Badewanne vor sowie seinen kleinen Sohn sitzend auf dem Badezimmerboden, der voller Blut ist. Diese Rache Trinitys an Dexter ist etwas, was den Zuseher nicht nur schockiert zurücklässt, sondern auch nicht mehr loslässt.

Und ich garantiere Ihnen, dass es Ihnen so gehen wird wie mir, nämlich, dass Sie sich, obwohl sie den Ausgang ja schon kennen, jedes Mal von neuem vor dieser Szene *fürchten* werden, wenn sie sich die Staffel anschauen!

II

Man sagt, meine Mittel sind nicht subtil. Aber das ist zuallererst, was wir brauchen: ein Kino, das uns wachrüttelt, unsere Nerven und unser Herz.

(Oliver Stone)

Irgendwann 1994 saß ich in einem fast leeren Grazer Kino und sah mir Oliver Stones Vietnam-Film *Heaven & Earth* (1993; Zwischen Himmel und Hölle) an. Dass der Kinosaal, wie gesagt, fast leer war, war bezeichnend, denn beim Betrachten des, zunächst recht harten und visuell wie üblich beeindruckenden, dann aber irgendwie fast in den Kitsch (man könnte auch sagen: in die Rührseligkeit) abgleitenden, Films wurde einem klar: *Das Vietnam-Thema war sowas von durch!*

Dieser dritte Teil von Stones Vietnam-Trilogie, die Klassiker *Platoon* (1986) mit Charlie Sheen und *Born on the Fourth of July* (1989; Geboren am 4. Juli; literarische Vorlage: Ron Kovic) mit Tom Cruise, zwei Filme, für die Oliver Stone in den 80ern auch gleich zweimal den Regie-Oscar kassiert hat, bilden die Vorgängerwerke, war nicht nur kein wirklich guter Film, sondern auch ein Film, den der filmische Zeitgeist der 90er-Jahre offenbar bereits gnadenlos eingeholt hatte.

Etwa ein dreiviertel Jahr später saß ich wieder in demselben Grazer Kino und sah mir wieder einen Oliver Stone-Film an, nämlich *Natural Born Killers*, und diesmal war das Kino voll!

Der *Tarantino-Spirit* (Quentin Tarantino hat ja die Drehbuch-Urversion von *Natural Born Killers* geschrieben, sich aber von Stones Werk distanziert; er wird im Vorspann sozusagen nur mehr als „Story-Lieferant" genannt) hatte, vor allem natürlich nach dem Jahrhundertfilm und Goldene Palme-Gewinner *Pulp Fiction* (1994), die Herrschaft in der Filmwelt übernommen, eine Tatsache, die sich eben auch in der Verfilmung von Tarantinos „liegengebliebenen" Drehbüchern ausgewirkt hat, wie das nicht nur bei *Natural Born Killers*, sondern auch bei dem misslungenen *True Romance* (1993) von Tony Scott der Fall war.

Oliver Stone hat die Finger stets in US-Traumata gelegt oder zumindest Themen behandelt, die sehr stark „gesellschaftliche Phänomene der US-Gesellschaft" widergespiegelt haben. Seine Filme sind demzufolge auch tendenziell „zeitgeistkritisch", aber das ist auch der Grund dafür, dass viele davon heute so fast überhaupt keine Rolle mehr im „kollektiven filmischen Unterbewusstsein" spielen. Stones Werke, die zu der Zeit ihres Erscheinens sehr viel Aufmerksamkeit bekommen haben, oft mehr von den Medien als *tatsächlich* vom Publikum, sind, wenn man so will, irgendwann vom Zeitgeist überholt worden.

So wirkt auch ein Kriegsfilm wie *Platoon*, der einem in der stereotypen Actionfilm-Welt der 80er-Jahre wie eine Offenbarung vorgekommen ist, heute weniger tiefgründig und weit plakativer als damals. Nach *Rambo: Fist Blood Part II* (1985; Rambo 2 - Der Auftrag; Regie: George P. Cosmatos), einem meiner *Allzeit-Lieblings-Action-80er-Jahre-Filme*, in dem Sylvester Stallone den Vietnam-Krieg praktisch im Nachhinein im Alleingang gewinnt, ist einem halt bald etwas tiefgründig vorgekommen :-).

Platoon hat aber einen *Magic Moment*, der auch nach 22 Jahren, die seit dem Erscheinen des Films vergangen sind, noch immer nichts von seiner „Magic" verloren hat. Gemeint ist der Moment, in dem „Sgt. Elias" Willem Dafoe, als er im Dschungel auf seinen Gegenspieler „Sgt. Barnes" Tom Berenger trifft, zuerst lächelt, dann aber erkennen muss, dass es um nichts weniger als um sein Leben geht. Eine denkwürdige Konfrontation zweier Gegenpole, eines Soldaten, Elias, der sich seine Menschlichkeit im Krieg irgendwie bewahrt hat, und eines zweiten Soldaten, Barnes, der im Krieg zu einem brutalen Schlächter mutiert ist, die letztendlich damit endet, dass Barnes seinen Platoon-Kollegen (Anmerkung: „Platoon" bezeichnet einen militärischen Zug, eine aus zahlreichen Soldaten bestehende militärische Teileinheit) Elias, der Barnes wegen eines Massakers in einem vietnamesischen Dorf vors Kriegsgericht bringen will, einfach wortlos niederschießt.

Wall Street (1987) mit Michael Douglas und Charlie Sheen hat natürlich ein interessantes Thema, nämlich die amerikanische Finanzwelt und ihre Finanzhai-Kultfiguren, die in den 80ern auch so etwas wie Superstars waren, aber der Film, der letzten Endes ausschließlich von Michael Douglas' Charisma lebt und der ikonischen Qualität, der er der von ihm gespielten Hauptfigur Gordon Gekko verleiht, leidet vor allem unter seinem moralinsauer inszenierten Ende, unter der Läuterung, die der von Sheen gespielte Bud Fox in der Wall Street-Welt erfährt. Stone neigt nämlich dazu, den moralischen Zeigefinger oftmals ein klein wenig zu intensiv zu erheben, was aber der künstlerischen Qualität seiner Filme irgendwie nicht guttut.

Ein viel zu wenig beachteter Film ist hingegen *Talk Radio* aus dem Jahr 1988 geblieben, ein Werk, dessen klaustrophobische Intensität, die dem Umstand geschuldet ist, dass der Film fast ausschließlich in einem Radiosender-Studio spielt, beeindruckend ist. Auch hier zeichnet Stone, wie später in *Natural Born Killers*, ein düsteres Bild der Medienlandschaft. Die *Kommunikation* wird in der Radio-

sendung, die Barry Champlain (gespielt von Eric Bogo-
sian) zu nächtlicher Stunde moderiert, eher zur *Konfrontation*, eine Tatsache, die den Skandal-Moderator während
seiner Sendung auch selbst immer stärker in die Isolation
treibt. Am Ende wird er, als er nach der Show das Studio
verlassen hat, von einem vermeintlichen Fan auf dem Park-
deck erschossen. Die Handlung dieses vor allem eindrucksvoll gefilmten Werkes basiert auf der wahren Geschichte
des US-Radio-Moderators Alan Berg, der 1984 in Denver
von Mitgliedern einer rechtsextremen Gruppe erschossen
wurde.

Um die hypnotische Jim Morrison-Biographie *The
Doors* (1991) ist seinerzeit, wie das eben bei vielen Stone-
Filmen der Fall war, ein riesiger Hype entstanden, dem ich
mich auch selbst nur schwer entziehen habe können, denn
vor allem natürlich war es damals Pflicht, den Soundtrack
zu besitzen, auf dem der Hauptdarsteller Val Kilmer zahlreiche *Doors*-Klassiker sogar selbst gesungen hat, und das
durchaus ansprechend. Der erwähnte Hype um den Film
war damals so groß, dass es mich Jahre später regelrecht
überrascht hat, zu erfahren, dass er genau genommen ein
finanzieller Flop war. Aber wie bereits erwähnt: Die Auf-

merksamkeit, die die Medien und die Oscar-Academy Stones Filmen stets haben zukommen lassen, spiegelte nicht immer den tatsächlichen Publikumszuspruch wider.

Für mich persönlich Oliver Stones Opus Magnum stellt aber der grandiose Kennedy-Attentat-Verschwörungs-Thriller *JFK* (1991; JFK – Tatort Dallas) mit Kevin Costner dar, meiner Meinung nach *eines der am besten, am virtuosesten und am spektakulärsten gefilmten Werke aller Zeiten.* Ob die darin vertretene recht kühne Verschwörungstheorie das Attentat betreffend jetzt wirklich irgendeinen *hohen* Wahrheitsgehalt hat, lässt sich nicht beurteilen, sicher ist nur, dass die Art und Weise, *wie* Stone und sein damaliger Stamm-Kameramann Robert Richardson, im Übrigen ein wahrer und auch mehrfach (*verdienterweise* auch für *JFK*) Oscar-prämierter Virtuose seines Faches, diese Verschwörungstheorie filmisch in Szene gesetzt haben, große Klasse ist und man nicht anders kann, als über drei Stunden lang gebannt auf die Leinwand zu starren und den Ausführungen von „Jim Garrison" Kevin Costner zuzuhören.

In den Jahren nach *Natural Born Killers* legte Stone künstlerisch und kommerziell eher eine Talfahrt hin. Auch mein persönliches Verlangen, mir Filme wie den müden Präsidenten-Biopic *Nixon* (1995) oder den unterm Strich irgendwie misslungenen „komödiantischen Film Noir" *U-Turn* (1997; U-Turn – Kein Weg zurück; literarische Vorlage: John Ridley) oder das Sportdrama *Any Given Sunday* (1999; An jedem verdammten Sonntag) anzusehen, ist gleich null. Allerdings: Die Rede, die Al Pacino in *Any Given Sunday* vor seiner in der Kabine versammelten Football-Mannschaft hält, ist legendär und unbedingt hörens- und sehenswert! Wer sich aber nicht den ganzen Film geben will, der kann sich die Pacino-Rede natürlich auch auf YouTube ansehen :-).

Ganz und gar keine „Null-Bock"-Haltung empfinde ich bei Stones viel gescholtenem Monumentalfilm *Alexander* (2004), den ich persönlich immer als *großartig* empfunden habe und als ein würdiges Abbild der Antike. Besonders der vor ein paar Jahren erschienene *Final Cut* (2009; *Alexander - Revisited*) des Films ist nochmal zusätzlich sehenswert. Colin Farrell macht seine Sache als Alexander hervorragend und speziell jene Schlacht, in der Alexander verwundet wird und vor einem für den Kampf eingesetzten Elefanten von seinem Pferd herunter auf den Boden fällt, ist mehr als phänomenal inszeniert.

Nach dem von mir uneingeschränkt gemochten, von der Kritik schrecklich „gedissten" und vom Publikum eher ignorierten *Alexander* habe auch ich allerdings dem Regisseur Oliver Stone, dessen Schaffen ich seit den 80er-Jahren, seit *Platoon* eben, stets meist begeistert verfolgt habe, ein wenig die Treue gekündigt. Lediglich zwei seiner Filme, die nach *Alexander* entstanden sind, habe ich mir angesehen, wobei ich den ersten davon, die zwischen Moralpredigt und Satire hin- und hergerissene *Wall Street*-Fortsetzung *Wall Street: Money Never Sleeps* (2010; Wall Street – Geld schläft nicht) mit Michael Douglas und Shia Labeouf, nach dem Betrachten tatsächlich weitgehend wieder vergessen habe. Aber auch der zweite Film, der gleichsam in visueller Coolness schwelgende Drogen-Thriller *Savages* (2012; literarische Vorlage: Don Winslow), der mit Blake Lively und Taylor Kitsch auch über eine recht „hippe" Besetzung verfügt, kann nicht ganz an Stones frühere Meisterschaft anknüpfen, wenngleich das Werk mit dem darin erstmals ohne Toupet agierenden John Travolta, der eine Nebenrolle spielt, auf jeden Fall ein *echtes* Highlight bietet :-).

Immer und *noch immer* sehenswert sind aber unbedingt auch drei Filme, zu denen Oliver Stone das Drehbuch beigesteuert hat oder bei denen er am Drehbuch beteiligt war. Gemeint sind damit natürlich Alan Parkers Skandalfilm

Midnight Express (1978; Midnight Express – Zwölf Uhr nachts), Brian De Palmas Howard Hawks-Remake *Scarface* (1983) und Michael Ciminos Gangsterfilm *Year of the Dragon* (1985; Im Jahr des Drachen). Für den umstrittenen *Ein Amerikaner in einem türkischen Gefängnis*-Film *Midnight Express* erhielt Oliver Stone seinerzeit sogar den Oscar für das beste adaptierte Drehbuch, welches nach Bill Hayes' gleichnamigem Non-Fiction-Book entstanden war.

III

Ted Bundy, Jeffrey Dahmer, John Wayne Gacy, Edward Gein, Charles Manson, Richard Ramirez.

Sie alle haben nicht nur zahlreiche Menschen getötet, oder, wie im Fall von Manson, zumindest andere dazu angestiftet Menschen zu töten, sondern sie geistern auch, sei es in Filmen oder in Songtexten oder in Büchern, allesamt durch die amerikanische Populärkultur.

Speziell in den 90ern wurde realen Monstern wie Bundy, Dahmer oder Gacy *unanständig* viel Raum gegeben sich darzustellen. So gibt es zum Beispiel ein Interviewbuch mit Ted Bundy, betitelt mit *Ted Bundy: Conversations with a Killer – The Death Row Interviews* (2000), in dem Stephen G. Michaud und Hugh Aynesworth den Frauenmörder befragen, was natürlich auch nicht mehr ergibt als das übliche „Rechtfertigungsgequatsche", die üblichen abstrusen Theorien, mit denen speziell Serienmörder ihre Taten im Nachhinein oft zu rechtfertigen versuchen. Vater und Sohn Dahmer durften sich überhaupt zur besten Sendezeit im US-TV treffen und über Jeffreys blutige Taten sprechen. Die Bilder, die der „Hobbykünstler" John Wayne Gacy, einer der sadistischsten Mörder der US-Kriminalgeschichte, im Gefängnis gemalt hat, waren ein beliebtes Sammlerobjekt bei Schauspielern und Musikern.

Dass bei der Transformation des Serienkiller-Themas in Kunst, vor allem wenn reale Killer als Vorbilder für Filme oder Bücher sozusagen herhalten müssen, die Gratwanderung zwischen Opferverhöhnung und ernsthafter Auseinandersetzung stets eine heikle ist, ist klar. Insofern war es zum Beispiel auch wohltuend, eine Serie wie *Aquarius* (2015-2016) zu betrachten, in der David Duchovny als Cop Samson „Sam" Hodiak den Killer und Kommunengründer Charles Manson (gespielt von Gethin Anthony) jagt. *Aquarius* verbietet sich eine voyeuristische oder effekthascherische Herangehensweise an die Thematik Manson und gerät zum beeindruckenden Sittenbild der späten 60er-Jahre, in dem auch die propagierte „freie Liebe" als nicht anderes dargestellt wird, als das, was sie tatsächlich oftmals war, nämlich ein Vorwand für sexuellen Missbrauch in irgendwelchen abstrusen Kommunen. Sie können sich vielleicht vorstellen, dass ein Werk wie *Aquarius* in Österreich wie Blei in den DVD- und Blu-ray-Regalen liegt, was in Streaming-Zeiten vielleicht nicht viel aussagen mag, aber ich habe das leise Gefühl, dass beim Streamen im Zusammenhang mit diesem Serien-Meisterwerk auch nicht wirklich was läuft :-).

Der Serienkiller als Held in TV-Interviews, als Medienphänomen, als Held der Populärkultur, diesem Phänomen trägt eben auch Oliver Stones Meisterwerk *Natural Born Killers* Rechnung. Stone inszeniert darin seine Hauptfiguren, nämlich das Serienkillerpärchen Mickey und Mallory Knox, gespielt von Woody Harrelson und Juliette Lewis, als Stars einer Medienwelt, als Medienfiguren, die abwechselnd einmal Teil einer brutalen Soap sind, dann wieder Teil einer reißerischen Pseudo-Doku, die sie auf ihrem gewalttätigen Trip durch eine von Populär-Mythen durchtränkte amerikanische Landschaft begleitet. Wobei der skrupellose Doku-Moderator Wayne Gale, großartigen gespielt von Robert Downey Jr., nicht viel weniger durchgeknallt erscheint als die Figuren, von denen er in *American Maniacs*, so der Name seiner TV-Sendung, berichtet. Ein zweiter Verrückter, der sich an die Fersen des Pärchens heftet, ist der Cop Jack Scagnetti, gespielt von Tom Sizemore, ein Detective und Buchautor, der sich selbst in seinem Buch „Scagnetti on Scagnetti" als „Serienkiller-Experte" hochstilisiert hat, in Wahrheit aber eine nicht weniger brutale Ader hat wie die Leute, die er verfolgt. Der Fernsehmacher Gale und der Buchautor Scagnetti sind, obwohl sie selbstverständlich auch karikaturartig wirken, Exponenten eben jener todessüchtigen US-Populärkultur, die das Serienkiller-Thema in den 90ern so intensiv ausgeschlachtet hat.

Höhepunkt des Films ist dabei zweifellos der Aufstand, den Mickey Knox während des TV-Interviews mit Wayne Gale in der Haftanstalt anzettelt, und zwar dank seines serienkillertypischen „Rechtfertigungsgequatsche", das eine abstruse Theorie über „Natural Born Killers" und „Natural Born Victims" enthält, also das alte Lied von zweierlei Menschenklassen, von den „geborenen Jägern" und dem „geborenen Wild". Speziell in dieser langen Sequenz agiert

Woody Harrelson, der ohnehin Mitte der 90er-Jahre, was Filme wie der formidable, von Oliver Stone produzierte und von Milos Forman inszenierte, *The People vs. Larry Flynt* (1996; Larry Flynt – Die nackte Wahrheit) beweisen, eine starke Phase hatte, überaus überzeugend und charismatisch.

Insgesamt kann man sagen, dass Stone auch seine Tendenz, den moralischen Zeigefinger allzu penetrant zu erheben, in *Natural Born Killers* stark eingeschränkt hat, was sicherlich auch daran liegt, dass der Geist von Tarantinos ursprünglicher Vorlage, auch durch Stones tiefgreifende Veränderungen, nicht todzukriegen war, denn wie man weiß, gehen Tarantino und moralischer Zeigefinger irgendwie nicht zusammen :-).

Dass aber *Natural Born Killers* jenes überwältigende Ereignis geworden ist, das mich schon damals, 1994, in jenem Grazer Kino schwer beeindruckt hat, dafür ist aber natürlich, neben dem bereits zu Beginn dieses Artikels erwähnten *genialen* Soundtrack, auf dem sich eine ganze Reihe von Musik-Legenden wie Leonard Cohen, Patti Smith, Bob Dylan oder Dr. Dre verewigt haben, vor allem die Kameraarbeit von Robert Richardson verantwortlich, für die das Wort *spektakulär* noch untertrieben wäre. Stone hat Richardson dazu animiert, die gesamte Bandbreite visueller Ausdrucksformen zu nutzen. So bekommt der Zuseher, eingebettet in eine hohe Schnittfrequenz, verschiedene Filmformate vorgesetzt: VHS, 8mm, Super-8, 16mm, Super 16, S/W, 35mm, 70mm, so ziemlich alles eben, was man sich vorstellen kann. Spezielle Kamerafilter und Kameraobjektive tuen das Übrige. Die vollkommen unterschiedliche Körnung, die die Formate mit sich bringen, erzeugt die pseudo-dokumentarische Wirkung des Films sowie auch in manchen Sequenzen eine gewisse „Retro-Wirkung". So weist zum Beispiel die Szene, in der Mickey und Mallory Knox in der Wüste einen Streit haben, die Körnung und die Farbgebung eines 70er-Jahre Streifens auf.

Wie man sich denken kann, musste Stone sich von Seiten der Medien und der Kritik den Vorwurf gefallen lassen, dass sein Film in Wirklichkeit nicht von der Glorifizierung von Gewalt durch Amerikas Medien handle, sondern eher selbst Gewalt glorifiziere. Dieser Gewaltglorifizierungsvorwurf wird ja oft, vorzugsweise von konservativen Kreisen, überhaupt als *das* Todschlagargument schlechthin gegenüber Gewaltdarstellung im Film und in anderen Kunstformen verwendet. Nur muss man leider sagen, dass sich auch *Natural Born Killers* den Vorwurf gefallen lassen muss, Personen zu realen Morden inspiriert zu haben, die offenbar im Geiste filmischer Vorbilder geschehen sind. So wurde zum Beispiel ein Bekannter des Bestseller-Autors John Grisham von zwei Jugendlichen ermordet, die den Film als direkte Inspiration für ihre Tat nannten, eine Tatsache, die Grisham bewog, Stone und die Time-Warner-Gesellschaft zu verklagen.

Serienkiller-Figuren eignen sich natürlich besonders zum Speisen von Allmachtsphantasien, aber das tun offenbar auch der Comic-Welt entsprungene Bösewicht-Figuren wie der *Joker* aus dem Batman-Film *The Dark Knight* (2008; Regie: Christopher Nolan), der ebenfalls für eine Reihe krimineller Taten als Vorbild hat herhalten müssen, wie das etwa bei James Holmes der Fall war, der 2012 in einem Kino in Aurora (Colorado) zahlreiche Menschen erschossen hat. Und *tatsächlich* muss man festhalten: Heath Ledgers legendäre und düstere Interpretation der *Joker*-Figur eignet sich weit mehr als Projektionsfläche für Verrückte als beispielsweise die von Jack Nicholson in dem Tim Burton-Film *Batman* (1989).

Nun gut: Wie ich in Teil 1 dieses Artikels schon gesagt habe: Filme wie *Natural Born Killers*, die zu der Zeit ihres

Erscheinens erfolgreich auf der Welle des Zeitgeists geritten sind, sind heute völlig *out* und teilweise fast schon vergessen, weil es kein wirkliches Publikums-Bedürfnis mehr gibt, sich mit Freaks oder Gangstern oder Mördern oder Serienkillern auf eine abgründige filmische Reise zu begeben. Und das ist auch irgendwie verständlich, angesichts der Tatsache, dass gewisse Bedrohungen so *real* geworden sind. Dennoch erscheint mir *Natural Born Killers* heute wie *ein sehenswertes Dokument aus besseren Kinotagen.*

(Mai 2018)

Lethal Weapon (1987; Regie: Richard Donner) oder: *Warum Mel Gibson eine der tödlichsten Waffen der Filmgeschichte ist...*

I

„Sie sehen aus wie ein Mel Gibson-Fan!"

Genau diese Worte hat mal jemand vor circa sieben oder acht Jahren, also 2011 oder 2010, zu mir gesagt. Und zwar ohne, dass ich Gibson oder irgendeinen Film mit ihm auch nur erwähnt hätte.

Tatsächlich hatte der Mann, ein Arbeiter, der im Begriff war in der Abendschule sein Abitur nachzuholen, damals recht: Ja, ich mochte diesen *„gewaltbereiten Neandertaler"*, wie ihn entweder Homer oder Bart Simpson in der sehr lustigen Folge *Beyond Blunderdome* (Episode 227; 1999) der Fernsehserie *The Simpsons* (1989-Gegenwart) einmal nennt, eigentlich schon seit *Mad Max Beyond Thunderdome*-Zeiten (1985; Mad Max – Jenseits der Don-

nerkuppel; Regie: George Miller & George Ogilvie), ob-
wohl der Film, ehrlich gesagt, trotz der Mitwirkung von
Tina Turner, die natürlich auch den großartigen Song *We
Don't Need Another Hero (Thunderdome)* beigesteuert hat,
ziemlich schlecht ist und eben qualitativ weit hinter seinen
Mad Max-Vorgängern *Mad Max* (1979; Regie: George
Miller) und *The Road Warrior* (1981; Mad Max 2 – Der
Vollstrecker; Regie: George Miller) zurückliegt.

Heutzutage gehört Gibson, der seine „Filmstar-Karriere" (jedoch *nicht* seine Regie-Karriere und eigentlich, genau genommen, auch *nicht* seine Schauspielkarriere) schon
länger beendet hat, nämlich nach M. Night Shyamalans
nicht gänzlich gelungenem Science Fiction-Horror-Film
Signs (2002; Signs – Zeichen), allgemein eher zu der Kategorie „*Filmstars, die wir einst gut fanden, aber jetzt ge-
hasst werden*", woran im Übrigen auch der zweifach Oscar-prämierte Kriegsfilm *Hacksaw Ridge* (2016; Hacksaw
Ridge – Die Entscheidung) nichts geändert hat, den Gibson
allerdings nur inszeniert hat. In dieser Kategorie, „*Once
Loved Actors Everyone Now Hates*", kann er sich mit Leuten wie Will Smith, Matt Damon oder John Travolta die
Hand geben, die sich ebenfalls konsequent ins Hollywood-
Abseits befördert haben.

Typisch für Gibsons momentanes Standing in Hollywood war auch der Witz von *Family Guy*-Macher und *Ted* (2012)- und *A Million Ways to Die in the West* (2014)- Regisseur Seth MacFarlane bei der Oscar-Verleihung 2013, die MacFarlane „hosten" durfte. Bezogen auf Quentin Tarantinos damals Oscar-nominierten Western *Django Unchained* (2012) erlaubte sich MacFarlane einen amüsant-scharfen Seitenhieb auf Gibsons legendäre, meist alkoholbedingte, öffentliche rassistische Tiraden, die damals wieder durch die Medien geisterten:

*A lot of controversy about the use of the N-word in the film. I'm told the screenplay is based on **Mel Gibson**'s voicemail.*

Aber lassen Sie uns doch lieber ein wenig zurückblicken in Gibsons bessere Tage, in die 80er und in die 90er, in denen er zweifellos zu den größten Filmstars der Welt zählte und wo seine Filme ein Millionenpublikum erreicht und begeistert haben.

Neben den insgesamt sieben Filmen, in denen Gibson seine zwei *ikonischen* Rollen verkörpert hat, nämlich die Endzeitfilm- und Rächer-Legende Max „Mad Max"

Rockatansky und den lebensmüden sowie leicht psychotischen Cop Martin Riggs aus Richard Donners *Lethal Weapon*-Reihe, gibt es da nämlich so einiges, was unbedingt *auch* erwähnenswert ist.

The Year of Living Dangerously (1982; Ein Jahr in der Hölle), inszeniert von Australiens Regie-Genie Peter Weir, der mit *Picnic at Hanging Rock* (1975; Picknick am Valentinstag; literarische Vorlage: Joan Lindsay) einen der *unheimlichsten Filme aller Zeiten* abgeliefert hat, wirkt auf den ersten Blick, wie viele Peter Weir-Filme, so zum Beispiel *Witness* (1985; Der einzige Zeuge) oder *The Mosquito Coast* (1986; Mosquito Coast) oder sogar *The Truman Show* (1998; Die Truman Show), etwas öde, entpuppt sich aber als ein äußerst gut fotografiertes und von Gibson und Filmpartnerin Sigourney Weaver auch äußerst gut gespieltes romantisches Drama vor dem Hintergrund des indonesischen Bürgerkriegs in den 60er-Jahren. Ganz ehrlich: Der Film hat mich als Jugendlicher tatsächlich *maßlos* gelangweilt, denn „gut gespielte romantische Dramen vor dem Hintergrund des indonesischen Bürgerkriegs in den 60er-Jahren" sind bekanntlich genau das, was sich ein Jugendlicher wünscht, aber mit den Jahren habe ich, wie bei so einigen Peter Weir-Werken, vor allem auch bei den weiter oben schon genannten Harrison Ford-Filmen *Witness* und

The Mosquito Coast sowie bei dem Ende der 80er *maßlos* populären *Dead Poets Society* (1989; Der Club der toten Dichter), Abbitte leisten müssen.

Das Beste an Robert Townes „crime thriller" *Tequila Sunrise* (1988) ist immer noch der Titel, denn der Film, der von Towne, einem der prominentesten Drehbuchautoren Hollywoods, der für das Drehbuch zu Roman Polanskis *Über-Super*-Film *Chinatown* (1974) den Oscar erhalten hat, auch geschrieben wurde, kommt und kommt einfach nicht in die Gänge, obwohl sich das beeindruckende Schauspiel-Ensemble, bestehend aus Gibson, Michelle Pfeiffer und Kurt Russel, wahrlich Mühe gibt, irgendwie die Trägheit zu überwinden, die den ganzen Film, und daran kann nicht einmal das actionreichere Finale was ändern, hinunterzieht. Aber: Gibson und Pfeiffer sind ein schönes Leinwandpaar, und das macht den Film, unterm Strich, dann doch auch wieder irgendwie sehenswert.

Von der Tatsache, dass Gibson oft außergewöhnlich gut mit seinen Leinwandpartnerinnen harmoniert, davon kann man sich auch in den beiden Komödien *Bird on a Wire* (1990; Ein Vogel auf dem Drahtseil; Regie: John Badham) und *Maverick* (1994; Maverick – Den Colt am Gürtel, ein As im Ärmel; Regie: Richard Donner) überzeugen.

In dem temporeichen *Bird on a Wire*, der im Übrigen von *Saturday Night Fever* (1977)-Regisseur John Badham inszeniert wurde, spielen, wie es auf dem US-Filmplakat von damals geheißen hat, „*Mel & Goldie*" ein ehemaliges Paar, das sich zufällig in Detroit wiederbegegnet. Die ganze Sache wird aber deshalb kompliziert, weil jener Tankstellen-Angestellter, den die erfolgreiche Anwältin Marianne Graves (gespielt eben von Goldie Hawn) da zufällig trifft, ausgerechnet ihr verstorben geglaubter Verlobter Richard „Rick" Jarmin ist, der sich in einem Zeugenschutzprogramm befindet. Die zahlreichen Verfolgungsjagten, die dadurch entstehen, dass Rick von den Gangstern verfolgt wird, die er einst half hinter Gitter zu bringen, enden für die beiden, für „Rick" Mel Gibson und „Marianne" Goldie Hawn, in einem großartig gespielten und großartig inszenierten Finale in einem Zoo, mitten unter Alligatoren, Piranhas, Tigern und Löwen.

Haufenweise gelungene Gags und ein dabei sein ganzes komödiantisches Talent abrufendes Schauspielensemble, angeführt von Gibson und Jodie Foster, das bietet die Westernkomödie *Maverick*, die auf der gleichnamigen Fernsehserie (1957-1962) mit James Garner basiert, der in dem Film auch die Rolle des Marshal Zane Cooper spielt.

Dieser Film, den *Lethal Weapon*-Regisseur Richard Donner inszeniert, der legendäre Drehbuchautor William Goldman geschrieben und zu dem der große Randy Newman die Filmmusik komponiert hat, hat mir in den 90ern unzählige *sehr* amüsante Heimkino-Stunden beschert und er ist einer meiner Lieblings-Mel Gibson-Filme, wobei auch Jodie Foster darin ungemein witzig ist, also etwas, was man nicht unbedingt als erstes mit Foster in Verbindung bringt. Der *Magic Moment* des Films ist aber der Cameo-Auftritt von Danny Glover, bekanntlich Gibsons Partner in den *Lethal Weapon*-Filmen. Dieser taucht nämlich, als „Bret Maverick" Mel Gibson eine Bank betritt, als Bankräuber auf und wird von Gibson kurz demaskiert. Die beiden Männer sehen sich daraufhin ungläubig an, als ob sie sich eventuell von *irgendwo anders* her kennen würden, schütteln aber dann beide den Kopf. Als Glover mit seiner Bande wieder abzieht, sagt er seinen berühmten Satz aus den *Lethal Weapon*-Filmen: *I'm too old for this shit!* (*Ich bin zu alt für diesen Scheiß!*)

Eine wunderbare Szene, die quasi eine „werkübergreifende" Dimension hat und die jedem Fan das Herz sofort höherschlagen lässt!

Im Zusammenhang mit *Maverick* auch erwähnen muss man, dass sich Jodie Foster in der Folge als *sehr loyale*

Freundin Gibsons erwiesen hat, obwohl dieser sich in den letzten fünfzehn Jahren, wie weiter oben schon angedeutet, mit antisemitischen, homophoben und eben rassistischen Bemerkungen nicht gerade beliebt in der Hollywood-Community gemacht hat. So besetzte ihn Foster für ihre dritte Regie-Arbeit, dem „comedy-drama" *The Beaver* (2011; Der Biber), dem durchaus sehenswerten Porträt eines depressiven Mannes, an dem einem aber das aufgesetzte Happy End stört. Schon damals, als ich 2011 in einem Grazer Kino saß, mit nur vier oder fünf anderen Leuten, hatte ich das Gefühl, dass wir in Österreich womöglich für immer auch die einzigen Besucher dieser weltweit gnadenlos gefloppten „Dramedy" bleiben werden :-).

Ganz von Gibsons damaliger Star-Power lebt Ron Howards extrem erfolgreicher Entführungsthriller *Ransom* (1996; Ransom – Einer wird bezahlen), aber auch von *nichts* sonst, denn der Film, in dem Gibson sich mit „Mister *C.S.I. New York*" Gary Sinise ein Katz und Maus-Spiel liefert, ist nur höchstens im letzten Drittel wirklich spannend und allgemein recht weit weg von einer glaubhaften Verhaltensschilderung in Entführungsfällen. Aber wie gesagt: Gibson war damals einer *der* Kassengaranten im Filmgeschäft, was auch die *Hollywood Power List 1997* der Zeitschrift *Variety*, meine bevorzugte Lektüre des Jahres 1997

:-), zeigte, in der Gibson, nach Tom Hanks und Tom Cruise, an dritter Stelle gereiht war.

Dass Schauspieler, und gerade auch große *Filmstars* wie Mel Gibson einer war, eben leider oft sehr viel Unsinn reden, davon konnte man sich auch bei dem Streit überzeugen, den Gibson Jahre später mit *Ransom*-Regisseur Ron Howard in Zusammenhang mit Howards Regie-Arbeit *The Da Vinci Code* (2006; The Da Vinci Code – Sakrileg) anzettelte. Angesichts des in religiösen Kreisen bekanntlich sehr umstrittenen Inhalts der Dan Brown-Vorlage, meinte der „religiöse Fundi" Gibson, er werde es Howard und Hauptdarsteller Tom Hanks *nie* verzeihen, dass sie den Stoff verfilmt haben, worauf Tom Hanks antwortete, dass Menschen, auch wenn es um Religion geht, ihren Kopf immer noch zum Denken hätten. Eine sehr gute Antwort – und mehr gibt es dazu wahrlich nicht zu sagen!

Hin und wieder kommt es vor, dass ein Schauspieler, der sich entschließt Regie zu führen, überraschenderweise fast auf Anhieb den begehrten Regie-Oscar erhält, also etwas, worauf Leute wie Martin Scorsese oder Steven Spielberg relativ lange haben warten müssen. Bei Scorsese war es absurderweise erst bei *The Departed* (2006; Departed – Unter Feinden) der Fall, seinem Remake des 2002er Hong

Kong-Films *Infernal Affairs* (Regie: Andrew Lau & Alan Mak). *The Departed* ist ganz sicher nicht Scorseses bester Film und den Regie-Oscar hätte er schon *lange* vorher, etwa für das grandiose Boxer-Drama und Robert De Niro-Method Acting-Glanzstück *Raging Bull* (1980; Wie ein wilder Stier) oder selbst für die satirische schwarze Komödie *The King of Comedy* (1982) verdient, in der der Komiker Jerry Langford, gespielt von Jerry Lewis, von dem Möchtegern-Komiker Rupert Pupkin, gespielt von Robert De Niro, entführt wird. Steven Spielberg hingegen hat bekanntlich bis *Schindler's List* (1993; Schindlers Liste) auf den Regie-Oscar warten müssen, obwohl dieser auch schon bei *Jaws* (1975; Der weiße Hai; literarische Vorlage: Peter Benchley) oder *The Color Purple* (1985; Die Farbe Lila; literarische Vorlage: Alice Walker) nicht unverdient gewesen wäre.

Insofern waren die schnellen Regie-Oscars für die Filmstars Robert Redford, der ihn gleich für sein Regie-Debüt *Ordinary People* (1980; Eine ganz normale Familie; literarische Vorlage: Judith Guest) erhalten hat, und Mel Gibson, der ihn für seine zweite Regie-Arbeit *Braveheart* (1995) in Händen halten durfte, fast so etwas wie ein Hohn für die Gilde der Top-Regisseure (oder von der Außenwirkung her ein wenig so, wie die berühmte Fotografie vom

Braveheart-Set, in der Gibson sowie zahlreiche männliche Co-Stars ihren nackten Hintern in die Kamera halten :-)).

Der Historienfilm *Braveheart*, in dem Gibson den schottischen Nationalhelden William Wallace spielt, ist vor allem eines: Ein Beleg dafür, dass Gibson einer der *besten* und *perfektesten* „Rächer" der Filmgeschichte ist, etwas, was eigentlich schon seit dem ersten *Mad Max*-Film von 1979 klar war, in dem Gibson gnadenlos den Tod seiner Frau und seines Sohnes rächt. Wenn Gibson sein berühmtes *Zorngesicht* aufsetzt, und das tut er in *Braveheart* noch öfter als in anderen Filmen, denn der ganze Film handelt eigentlich von Rache, er ist nichts anderes als eine ungemein aufwendig inszenierte *Rache*-Story, dann scheinen die stahlblauen Augen noch intensiver zu leuchten und es wird eng für die Gegner. Dennoch muss man sagen, dass der „Drei-Stünder" *Braveheart* leider allzu oft nur extrabrutales Macho-Getöse mit homophoben Einsprengsel bietet. Die darin dargestellte Gewalt wirkt auf mich meistens auch nicht „archaisch", sondern eher mit übertriebener Freude am Voyeurismus inszeniert, was nicht ganz untypisch für Gibson ist.

Und das führt uns natürlich gleich zu Gibsons dritter Regie-Arbeit, Gibsons Regie-Debüt *The Man Without a Face* (1993; Der Mann ohne Gesicht) lasse ich hier einmal beiseite, nämlich dem umstrittenen Jesus-Film-Blockbuster *The Passion of the Christ* (2004; Die Passion Christi). Diese Hardcore-Variante der Kreuzigung, der man sicher so einiges vorwerfen kann, vor allem auch den weiter oben schon genannten Gibson-typischen Gewalt-Voyeurismus, habe ich, obwohl ich so ganz und gar nicht religiös bin, persönlich gleich dreimal im Kino gesehen, denn der Film, in dem angeblich auch die eigentümlichen Visionen der Augustinerschwester Anna Katharina Emmerick eingearbeitet sind, ist tatsächlich erschütternd, berührend und beeindruckend zugleich. Fast hätte Gibson, der in dem Film ja *eigentlich* nichts anderes tut als den Kreuzweg, der genau genommen ohnehin eine *einzige* Folterorgie ist, szenisch gnadenlos umzusetzen, es geschafft, aus mir noch einen religiösen Menschen zu machen :-). Vor allem die Teufelsfigur, die durch den Film geistert, empfand ich als sehr „creepy" und überaus gelungen eingesetzt. Die Tatsache jedoch, dass das Werk in hebräischer, lateinischer und aramäischer Sprache gedreht wurde, habe ich immer als eine Art „Spezialeffekt" empfunden, der jetzt dem Film keine zusätzliche Tiefe verleiht.

Apocalypto aus dem Jahr 2006, Gibsons Regie-Arbeit Nummer vier, zählt für mich persönlich zu den *beeindruckendsten Filmen der letzten zwanzig Jahre. Gewalttätig,*

hypnotisch, *faszinierend*, so könnte man den Trip bezeichnen, auf den der Regisseur Gibson die Zuschauer in diesem
„pathologischen Kunstwerk", wie Anthony Lane, der
Filmkritiker des *New Yorkers*, den Film, der vollständig in
der Sprache der Mayas, in Mayathan, gedreht wurde,
schickt. Die Opferungsszenen auf der Maya-Pyramide gehören zu dem Abgründigsten, was jemals auf Filmmaterial
gebannt wurde, und sie sind ein Ereignis, das Herz, Hirn
und Nerven eine Zeit lang beschäftigt. Das Einzige, was
man nicht darf, ist diesen Film sozusagen *dokumentarisch*
sehen, denn er ist historisch, was einige Belange der Maya-
Kultur betrifft, wohl nicht ganz korrekt, dafür sollte man
ihn eher als *zivilisationskritisch* betrachten, als Ausdruck
davon, was eine Kultur, für die das Menschenopfern nichts
Verwerfliches ist und die aber dem Untergang geweiht ist,
wie es die Mayas waren, so alles an Grausamkeiten treibt,
um sich der Illusion des Überlebens und des Fortbestehens
hinzugeben. Genau genommen haben die Römer im Ver-
lauf ihrer Geschichte auch nicht viel anderes getrieben.
Wenn man den Film so sieht, ist er *einzigartig* und nicht
nur das Ventil für irgendwelche „dunklen Obsessionen"
des Regisseurs, so wie es einige Kritiker angedeutet haben.

Lassen Sie uns aber wieder zu Gibsons „Filmstar-Karriere" zurückkehren, und zwar in die Post-*Ransom*- und Vor-*Signs*-Zeit.

Conspiracy Theory (1997; Fletcher's Visionen) vereinte Gibson wiederum mit Regisseur Richard Donner, mit dem der Schauspieler insgesamt sechs Filme gedreht hat. Dem Werk geht, nach einem vielversprechenden Beginn, nach circa einer halben Stunde leider die Luft aus, woran auch „*Mel & Julia*", also Gibson und seine Filmpartnerin Julia Roberts, die ihre Rollen, nämlich die des Taxifahrers und Verschwörungstheoretikers Jerry Fletcher und die der Staatsanwältin Alice Sutton, sehr gut spielen, nichts ändern können. Allerdings: Für mich *persönlich* ist der Film aber dennoch *wichtig*, und zwar aus einem bestimmten Grund, weil er nämlich 1997 ein „Date-Movie" für mich und meine spätere Frau war. Insofern verdanke ich Mel Gibson (und eben auch Julia Roberts) so einiges :-).

In dem „neo-noir crime film" und Rache-Thriller *Payback* (1999; Payback – Zahltag; Regie: Brian Helgeland) ist Gibson, wie später auch in Roland Emmerichs „epic historical fiction war film" *The Patriot* (2000; Der Patriot) wieder in seinem ureigensten Element, nämlich der Ausübung von Rache für erlittenes Unrecht. Brian Helgelands ursprünglich kompromissloses Remake des Lee Marvin-

Klassikers *Point Blank* (1967; Regie: John Boorman) sollte aber nur in der *Director's Cut*-Version von 2006 genossen werden, in der das Werk dann auch *wirklich* jene Kompromisslosigkeit und Härte aufweist, die der Regisseur ursprünglich geplant hatte, die dem Film aber durch zahlreiche Nachdrehs genommen wurde, die einzig und allein den Grund hatten, die von Gibson gespielte Rächer-Figur „Porter" etwas sympathischer erscheinen zu lassen. Der Schlüssel zu dem beachtlichen Kassenerfolg des Films liegt aber, wie der US-Star-Kritiker Roger Ebert richtig bemerkt hat, einzig und allein in der Tatsache, dass Mel Gibson darin die Hauptrolle spielt, was den dreckigen B-Movie-Touch des Werks vergessen lässt.

Ein filmisches Ärgernis ganz spezieller Natur ist hingegen *We Were Soldiers* von Randall Wallace aus dem Jahr 2002, der noch dazu mit dem idiotischen deutschen Titel *Wir waren Helden* versehen wurde. Der Kriegsfilm ist nämlich alles andere als, wie Regisseur Wallace immer wieder behauptet hat, eine auf Zeitzeugenberichten basierende Aufarbeitung der ersten großen Schlacht des Vietnam-Kriegs im Ia-Drang-Tal, sondern ein *Machwerk*, das sich in einseitiger patriotischer Heldenverehrung verliert. Teilweise ist das ganze Werk so dümmlich und chauvinistisch, dass es sogar mit John Waynes Regie-Arbeit *The*

Green Berets (Die grünen Teufel; Co-Regie: Ray Kellogg) von 1968 konkurrieren kann, dem wahrlich einzigen Film der US-Filmhistorie, der sich derart unverhohlen *für* den Vietnamkrieg ausgesprochen hat. Und wenn „Lt. Colonel Harold *Hal* G. Moore" Mel Gibson in *We Were Soldiers* seine ihm unterstellten Soldaten *liebevoll* und *väterlich* ansieht, glaubt man tatsächlich, dass John Wayne wieder auferstanden ist und sich, wie in dem Propagandafilm *The Green Berets*, von seiner schlimmsten, selbstgerechtesten und reaktionärsten Seite zeigt. Wenn von der Kritik im Zusammenhang mit *The Passion of the Christ* und *Apocalypto* schon von irgendwelchen „dunklen Obsessionen" Gibsons gesprochen wurde, die ihn dabei getrieben haben, dann möchte ich wissen, welcher reaktionäre Teufel ihn da geritten hat, in so einem *Anti*-Antikriegsfilm mitzuspielen.

II

Haben Sie auch so einige Filme, bei denen Sie die Dialoge mitsprechen können?

Für mich persönlich ist, wie ich unlängst wieder gemerkt habe, *Lethal Weapon* (Lethal Weapon – Zwei stahlharte Profis) von *The Omen* (1976; Das Omen)- und *Superman* (1978)- Regisseur Richard Donner, mit Mel Gibson und Danny Glover, aus dem Jahr 1987 so ein Film.

Überhaupt ist das alles längst (Action-)Film-Geschichte, was sich da in *Lethal Weapon*, dem wohl *besten Buddy-Movie aller Zeiten*, abspielt. Wenn Mel Gibson, als leicht psychotischer, lebensmüder und dementsprechend selbstmordgefährdeter Cop Martin Riggs, die ernsthafte Absicht hat, angesichts der Tatsache, dass seine Frau bei einem Autounfall (in *Lethal Weapon 2* stellt sich dann heraus, dass es natürlich *kein* Unfall war, sondern Mord) ums Leben gekommen ist, sich eine Kugel in den Kopf zu schießen, diesen Plan dann aber weinend wieder aufgibt und das Ganze sein lässt, nur aus dem Grund, weil er, wie er später zu seinem Partner „Roger Murtaugh" Danny Glover sagt, „diesen Job" liebt, dann weiß man wieder, warum man diesen Film seit den 80ern nicht mehr aus den eigenen Video- und DVD-Sammlungen verbannt hat. Und wenn Mel Gibson als Martin Riggs bei einem Einsatz, nachdem er in Bedrängnis geraten ist und eine Knarre an die Stirn gehalten bekommt, zu seinen Kollegen, die diesen ihm die Knarre an die Stirn haltenden Gangster bereits umzingelt haben, einfach sagt „*Erschießt ihn!*", dann erinnert man sich wieder, dass Gibson nicht nur bloß ein großer Action- und Film-Star war, sondern ganz generell auch ein guter, die Zuschauer mitreißender Schauspieler (ein guter Regisseur ist er, wie ich in Teil 1 meines Artikels dargelegt habe, sowieso).

Dass ich viele Jahre lang eigentlich *Lethal Weapon 2*, die 1989 in die Kinos gekommene und wiederum von Richard Donner inszenierte erste Fortsetzung der „buddy cop action comedy" *Lethal Weapon*, dem ersten Teil vorgezogen habe, davon zeugt die Tatsache, dass das Filmplakat zu *Brennpunkt L.A. – Lethal Weapon 2*, so der damalige deutsche Verleihtitel, ab 89 für zwei oder drei Jahre die Wände meines Zimmers in meinem Elternhaus geziert hat. Allerdings: *Lethal Weapon 2* ist großartig, vor allem deshalb, weil „Martin Riggs" Mel Gibson sich darin wieder in gewohnt rabiater Manier für zahlreiche Dinge *rächen* kann, wie etwa für den Tod seiner Geliebten, die von der britischen 80er-Jahre Popsternschnuppe Patsy Kensit gespielt wird, oder, am allerwichtigsten, für den Mord an seiner Frau, aber er ist ganz sicher *nicht* besser als der erste Teil. Dieses Kunststück, nämlich eine Fortsetzung zu drehen, die besser oder weit besser als das Original ist, ist, *nein -* eben *nicht* Francis Ford Coppola mit *The Godfather Part II* (Der Pate – Teil II) von 1974 gelungen, sondern nur James Cameron mit seinem fabelhaften Science Fiction-Epos *Aliens* (1986; Aliens - Die Rückkehr), einem der *dynamischsten Actionfilme aller Zeiten*, der Ridley Scotts Original *Alien* (Alien – Das unheimliche Wesen aus einer fremden Welt) von 1979 bei weitem übertrifft und gleichzeitig zu meinen *absoluten* Lieblingsfilmen zählt.

Apropos Fortsetzungen oder *Lethal Weapon*-Fortsetzungen: *Lethal Weapon 3* (Lethal Weapon 3 – Die Profis sind zurück; Regie: Richard Donner) von 1992 hat sicherlich seine guten Momente, was allein schon deshalb der Fall ist, weil „Murtaugh & Riggs" Gibson & Glover eben *grundsätzlich* tolle Movie-Charaktere sind, die einst von Shane Black erfunden wurden, der zeitweise einer der höchstbezahlten Drehbuchautoren Hollywoods war und der mit *Kiss Kiss, Bang Bang* (2005) und *Iron Man 3* (2013) auch ganz passable Regie-Arbeiten abgeliefert hat. Nur verkommt im dritten Teil der Serie das Ganze ein wenig zu einer bloßen und etwas hysterischen Aneinanderreihung von Gags sowie spektakulär inszenierter Verfolgungsjagden und Schießereien, was mit der Zeit einen gewissen „Nerv-Faktor" hat. Zu den oben angesprochenen „guten Momenten" zählt aber vor allem die „Striptease-Szene" zwischen Gibson und seiner Filmpartnerin Rene Russo, in der sich die beiden gegenseitig ihre im Dienst erlittenen Verwundungen präsentieren.

Lethal Weapon 4 aus 1998 (Regie: Richard Donner) wirkt dann eher schon wie ein nicht allzu ernst gemeinter Abgesang auf die ganze Filmreihe. Habe ich in Zusammenhang mit Teil 3 schon „Drehbuchschwächen" angedeutet, so muss man bei Teil 4 sagen, dass dieser offenbar überhaupt *gar kein* Drehbuch als Grundlage gehabt hat (*fünf* bei dem Film genannte Drehbuchautoren sprechen ohnehin Bände :-)) und somit ein Beweis dafür ist, dass oft nur die „richtigen Leute", wie eben Gibson und Regisseur Donner, mitmachen müssen, um ein Filmprojekt zu realisieren. Einziges wirkliches Highlight in dieser filmischen „Übung", wie *Chicago Sun-Times* Star-Kritiker Roger Ebert das Sequel nannte, ist die Tatsache, dass Hongkong-Superstar Jet Li hier sein US-Debüt feierte (Jackie Chan hatte die Rolle des Wah Sing Ku abgelehnt, weil er erstens keinen Bösewicht spielen wollte, zweitens die Darstellung der Chinesen im Film als „klischeehaft" empfand und drittens, weil er es grundsätzlich abgelehnt hat, sich von einem US-Star wie Gibson vor der Kamera verprügeln zu lassen).

Lethal Weapon 1, wenn man so will, also das Original, ist, wie auch schon weiter oben erwähnt, zweifellos einer der besten „buddy cop films" aller Zeiten, wenn nicht sogar der beste „buddy cop film", und ein Film, der dem gesamten Genre, das nach Walter Hills Klassiker *48 Hrs.* (1982; Nur 48 Stunden), in dem eben Nick Nolte und Eddie Murphy ein ungleiches Ermittlerduo spielen, einen Cop und einen Gangster, auch schon wieder im Begriff war darniederzuliegen, gleichsam einen *erneuten Neustart* verpasst hat. Filme, die unmittelbar im Windschatten von *Lethal Weapon* Erfolg hatten, waren zum Beispiel *Red Heat* (1988; Regie: Walter Hill) mit Arnold Schwarzenegger und James Belushi, die als ungleiches russisch-amerikanisches Cop-Ermittlerduo kurzfristig sogar den Kalten Krieg vergessen ließen, oder *Tango & Cash* (1989; Tango und Cash; Regie: Andrei Konchalovsky) mit Sylvester Stallone und Kurt Russel, ein Werk, das übrigens gemeinsam mit Steven Spielbergs *Always* (1989; Always – Die Feuerengel von Montana) für sich in Anspruch nehmen kann zu den beiden *allerletzten* Filmen zu gehören, die noch in den 1980er-Jahren ins Kino gekommen sind.

Spätere populäre „*Lethal Weapon*-Nachfolger", neben Walter Hills gelungener *48 Hrs.*-Fortsetzung *Another 48 Hrs.* (1990; Und wieder 48 Stunden), waren zum Beispiel *Rush Hour* (1998; Regie: Brett Ratner) mit Jackie Chan und Chris Tucker, der Auftakt zur *Rush Hour* - Trilogie, oder *Bad Boys* (1995; Bad Boys – Harte Jungs) und *Bad Boys 2* (2003), beide von Michael Bay, mit Will Smith und Martin Lawrence.

Als einen ungewöhnlichen Vorläufer dieses Konzepts, zwei gegensätzliche Ermittler-Charaktere machen sich, um einen bestimmten Fall zu lösen, dann doch gemeinsam auf den Weg, könnte man sogar den Bud Spencer & Terence Hill-Klassiker *Zwei außer Rand und Band* (Regie: Enzo „E. B. Clucher" Barboni; I due superpiedi quasi piatti) aus dem Jahr 1977 betrachten, in dem Spencer und Hill zunächst zwei Ganoven spielen, die zufällig in den Diensten der Polizei von Miami landen und dort als Streifenpolizisten mit einem Verbrechersyndikat aufräumen.

Die Story von *Lethal Weapon* handelt *eigentlich nicht* von dem Kampf dieses sympathisch-pfiffigen Cop-Duos Murtaugh und Riggs gegen üble, Heroin schmuggelnde Schurken, denn, wie auch der Drehbuchautor Christopher

Keane es in seinem Buch *How to Write a Selling Screenplay* (1998; dt. Titel: Schritt für Schritt zum erfolgreichen Drehbuch) ausführt, die Verbrecherjagd ist nur das Gerüst, das den Plot stützt, denn in Wahrheit zieht *die Beziehung der beiden Männer untereinander* den Zuschauer auf ihre Seite und ganz sicher nicht der Plot, denn in Wirklichkeit handelt eben die ganze Story von nichts anderem als von der Beziehung zwischen den beiden gegensätzlichen Charakteren. Danny Glover, der auch schon mit Steven Spielbergs *The Color Purple* (1985; Die Farbe Lila) zu einiger Popularität gelangt war, spielt den Familienvater, der, kurz vor der Pensionierung stehend und ständig mit seiner berühmten *I'm too old for this shit!* – Einstellung herumlaufend, doch noch einen neuen Partner bekommt, nämlich Mel Gibson, einen jüngeren und aufgrund des Todes seiner Frau sehr „instabilen" und todessehnsüchtigen Cop voller durchgeknallter Ansichten und ohne Bindung, außer eben der zu seinem Job. Doch die beiden haben ein gemeinsames Ziel: Verbrechen aufzuklären, Täter zu fangen. Ihre Methoden divergieren dabei, sie sind sich über kein Thema einig, was permanent Konflikte entstehen lässt und Spannungen erzeugt. Am Ende verbindet die beiden dann bekanntlich eine sehr enge Freundschaft und „Martin Riggs"

Mel Gibson erhält so etwas wie „Familienanschluss" bei den Murtaughs.

Da ich zu Beginn gemeint habe, ich könnte die Dialoge in *Lethal Weapon* mittlerweile auch mitsprechen, möchte ich im Folgenden auch einen Dialog zwischen Gibson und Glover anführen, der nicht nur sozusagen *Mel Gibson-Film*-typisch ist, sondern auch ein wenig den Selbstjustiz-Geist der 80er-Jahre widerspiegelt, der schließlich in *Lethal Weapon* auch vorhanden ist und was die Kritik dem Film damals auch durchaus vorgeworfen hat.

Nach der Entführung von Murtaughts Tochter Rianne (gespielt von Traci Wolfe) kommt es zwischen Murtaugh und Riggs also zu folgender Unterhaltung:

RIGGS

Wir machen's auf meine Weise.

Wir schießen.

Und wir schießen, um zu töten.

Erschieß so viele, wie du kannst.

Das Wichtigste ist, dass du nicht vorbeischießt.

MURTAUGH

Ich werde nicht vorbeischießen.

RIGGS

Das wird eine blutige Angelegenheit.

MURTAUGH

Du bist verrückt.

Oder bist du wirklich so gut, wie du sagst?

RIGGS

Du wirst mir vertrauen müssen.

Nun, wie viel von Martin Riggs steckt wohl in Mel Gibson?

Mel Gibson hat einst, im fernen 1987, in *Lethal Weapon*, nach den drei *Mad Max*-Filmen, sein Image, der perfekte Leinwand-*Rächer* zu sein, neu aufpoliert und mit Martin Riggs einen ikonischen Movie-Charakter geschaffen, der auch für die Ausrichtung seiner späteren Rollen, jenseits der *Lethal Weapon*-Sequels, prägend war und den man von Gibson kaum mehr trennen kann (mir und wohl den meisten Gibson-Fans meiner Generation fällt es jeden-falls schwer, einen Schauspieler wie Clayne Crawford, der seit 2016 in der Fernsehserie *Lethal Weapon* als Martin Riggs zu sehen ist, in der Rolle zu akzeptieren; genauso schwer fällt es mir aber auch Tom Hardy als neuen „Mad Max" auf der Leinwand zu folgen, was man aber in dem 2015 erschienenen und wiederum von George Miller insze-nierten Film *Mad Max: Fury Road* hätte tun müssen).

Gibson, der, wie ich in Teil 1 meines Artikels kurz an-gedeutet habe, immer wieder dazu tendiert hat, der Alko-holsucht zu verfallen und unter Alkoholeinfluss öffentlich solchen Unsinn zu treiben, wie zum Beispiel das „N-Word" zu benutzen, was gerade in Zusammenhang mit *Le-thal Weapon* und der darin porträtierten Freundschaft zwi-schen einem Farbigen und einem Weißen absurd und ein wenig traurig wirkt, ist privat wohl *tendenziell* auch so ein „gebrochener Charakter" wie eben Martin Riggs. Über-haupt zeigen Mel Gibsons „Macho-Rollen" immer auch eine durchaus sensible, verletzliche Seite des Schauspie-lers, die aber vor allem auch in seinen Regie-Arbeiten, wie *The Man Without a Face*, *The Passion of the Christ* und *Apocalypto*, zum Ausdruck kommt.

Die allerletzte Frage für mich *persönlich* jedoch bleibt: Was zum Teufel sagt das über *mich* aus, dass ich, so wie der junge Arbeiter damals gemeint hat, *angeblich* aussehe wie ein Mel Gibson-Fan? :-)

(Mai 2018)

Sylvester Stallone in **Cop Land** (1997; Regie: James Mangold) oder: *Wenn Filmstars ihr Image ändern wollen…*

I

Gehen Ihnen auch manchmal Künstler ein wenig auf die Nerven, seien es Schauspieler oder Musiker, die um jeden Preis ihr Image oder ihren Stil ändern wollen?

In einer Dokumentation über Cary Grant, betitelt mit *Cary Grant: The Leading Man* (1988; Cary Grant – Der Hauptdarsteller; Regie: Gene Feldman), auf die ich vor ein paar Monaten im Zusammenhang mit der Betrachtung des amüsanten Cary Grant- und Doris Day-Film-Klassikers *That Touch of Mink* (1962; Ein Hauch von Nerz; Regie: Delbert Mann) gestoßen bin, sagt nämlich ein Wegbegleiter Grants etwas sehr Richtiges, nämlich, dass Filmstars nur genau für das bezahlt werden, für was sie das Publikum *erwiesenermaßen* sehen will, für genau das eben, was ihre anziehende Wirkung auf das Publikum ausmacht. Das Luxus-Problem, dass das für Filmstars eben bedeutet, ist, dass *bewusste filmische Verstöße* gegen ihr Image vom Publikum oft so ganz und gar nicht goutiert werden. So musste auch einer der größten Stars der Kinogeschichte, *der* Leinwand-Gentleman schlechthin, „Mr. *elegant* & Mr. *charming"* persönlich, nämlich Grant, bei seinem zwei Jahre nach *That Touch of Mink* in dem Film *Father Goose* (1964; Der große Wolf ruft; Regie: Ralph Nelson) vollzogenen Imagewechsel vom Gentlemen zum Aussteiger und Strandguträuber, zur Kenntnis nehmen, dass das Publikum diesen Bruch mit Erwartungshaltungen einfach nicht akzeptieren wollte. Für Grant gilt, im übertragenen Sinne, eben genau das, was der Regisseur Sidney Pollack irgendwann in Zusammenhang mit seinem Lieblingsstar Robert Redford gesagt hat, nämlich, dass das Publikum Redford wohl kaum als heruntergekommenen Penner oder als Fixer sehen will, wobei man sagen muss, dass Redford auch intelligenterweise nie probiert hat, solche Charaktere zu spielen :-). Im Gegenteil, gerade im Alter, etwa in Filmen wie *The Horse Whisperer* (1998; Der Pferdeflüsterer; Regie: Robert Redford), hat Redford jenen besserwisserischen Typus, den er ohnehin irgendwie immer gespielt hat, noch einmal zusätzlich kultiviert, mit dem Ergebnis, dass jeder, der ihm sozusagen im Film begegnet, ob Kind, Frau, Mann oder Tier, *gnadenlos* mit seinen (Alters-)Weisheiten *belehrt* wird. Achten Sie doch einfach mal drauf und Sie werden sehen, der wunderbare Robert Redford ist nicht nur einer der größten Stars der Filmgeschichte, wie eben Cary Grant, sondern auch einer der größten „Besserwisser" :-).

Die Gunst des Publikums tendenziell immer dann verloren hat zum Beispiel auch ein Jack Nicholson, an sich für lange Zeit eine der auch *wirtschaftlich* verlässlichsten Größen Hollywoods, wenn er in Filmen gespielt hat, in denen er *nicht* die *Filmstar-Nicholson-typische Verrücktheit* mit all ihren Zutaten, wie dem irren Grinsen etc., präsentiert hat. So ein Film war auch Sean Penns wirklich sehenswerte dritte Regiearbeit *The Pledge* (Das Versprechen; literarische Vorlage: Friedrich Dürrenmatt) aus 2001, in der Nicholson scheinbar ganz ohne seine sonstigen schauspielerischen Tricks agiert und somit dem atmosphärischen und ruhigen Film Luft zum Atmen lässt. Eine Menge Luft zum Atmen gab es jedoch auch in den Kinosälen, die weitgehend leer geblieben sind, was sicherlich auch daran gelegen hat, dass *The Pledge* nur ein Film *mit* Jack Nicholson war, in dem einem so rein gar nichts geboten wurde von dem, was einen sonst dazu treiben, sich einen *richtigen* „Jack Nicholson-Film" anzuschauen.

Aber genau genommen ist diese amerikanische Friedrich Dürrenmatt-Verfilmung mit Nicholson in der Hauptrolle gar kein Beispiel für einen versuchten Imagewandel des Schauspielers Nicholson, sondern nur eine „Ausnahme", eine Art „Herzensprojekt", das sich Stars zwischendurch einmal gönnen und für das sie meist nur den Bruchteil jener Gage verlangen, die sonst üblich ist.

So ein „Herzensprojekt" war zum Beispiel auch Clint Eastwoods Regie-Debüt *Play Misty for Me* (1971; Sadistico – Wunschkonzert für einen Toten), in dem Eastwood auch die Hauptrolle spielt. Jedoch streift er in diesem Film nicht als „namenloser Fremder" oder als *Dirty Harry*-ähnlicher Cop durch die Gegend, sondern spielt einen Radio-DJ, der zum Opfer einer Stalkerin wird, die bereit ist, tödlichen Ernst zu machen. Der Film ist wirklich ungewöhnlich und wirkt in manchen Aspekten wie eine Art Vorläufer von *Fatal Attraction* (1987; Eine verhängnisvolle Affäre; Regie: Adrian Lyne), dem berühmtesten Seitensprung-Film aller Zeiten, in dem Glenn Close Michael Douglas das Leben zur Hölle macht. Nur: Ein *wirklicher* Erfolg für den Regisseur und Hauptdarsteller Eastwood war er aufgrund der ungewöhnlichen Rolle, in der er sich da selbst inszeniert hat, nicht.

Immer noch das radikalste Beispiel für den Image-Wechsel eines Schauspielers bleibt der legendäre „psychological horror-thriller" und Skandalfilm *Peeping Tom* (1960; Augen der Angst; Regie: Michael Powell) mit „Carl Boehm" als Kameramann Mark Lewis. Dieser, wie es auf dem englischsprachigen Original-Filmplakat damals geheißen hat, „Carl Boehm", der in Wahrheit natürlich Karlheinz Böhm war, hat mit der Darstellung eines frauenmordenden Kameramanns nicht nur sein *Sissi*-Film-Image erfolgreich zu Grabe getragen, sondern gleich seine ganze Schauspiel-Karriere *und* die Regie-Karriere von Michael Powell (z. B.: 1948: *The Red Shoes*/Die roten Schuhe; Co-Regie: Emeric Pressburger) gleich mit dazu.

Natürlich keine „serious career ending consequences" hatten die beiden harmlosen Komödien, mit denen Sylvester Stallone und Arnold Schwarzenegger versucht haben, ihren Ruf als „ultimative Kampfmaschinen" ein wenig aufzulockern. Wobei Ivan Reitmans Komödie *Twins* (1988; Twins - Zwillinge), in der Schwarzenegger und Danny DeVito bekanntlich Zwillingsbrüder spielen, nicht nur meines Erachtens deutlich besser abschneidet als Roger Spottiswoodes *Stop! Or My Mom Will Shoot* (Stop! Oder meine Mami schießt!) aus 1992, in der Stallone einen Police Sergeant spielt, dessen Leben von seiner unberechenbaren und betagten Mutter (gespielt von Estelle Getty) auf den Kopf gestellt wird. *Chicago Sun-Times* Star-Kritiker Roger Ebert nannte *Stop! Or My Mum Will Shoot* schlicht und einfach „dämlich", Rita Kempley von der *Washington Post* bezeichnete den dreifachen Gewinner der *Goldenen Himbeere* (Anmerkung: Die *Goldene Himbeere* ist eine Negativauszeichnung für schlechte Leistungen in der Filmwelt) überhaupt als „de[n] schlimmste[n] Albtraum". Nun, ganz so drastisch fällt mein eigenes Urteil über diesen in der Tat missglückten Versuch Stallones komisch zu sein nicht aus, dennoch ist mir da die zweite Rolle, mit der er versucht hat mit seinem ewigen *Rocky-* & *Rambo-*Image zu brechen, weit lieber, nämlich die des schwerhörigen und etwas phlegmatischen Vorstadtsheriffs Freddy Heflin in James Mangolds „crime drama" *Cop Land* aus dem Jahr 1997, auf das ich aber später genauer eingehe.

Natürlich versuchen aber nicht nur Filmstars von Zeit zu Zeit ihr hartnäckiges Image oder die Stereotypen, die man mit ihnen in Verbindung bringt, loszuwerden, sondern auch Musiker. So legte zum Beispiel die irische Super-Rock-Band U2 mit dem großartigen Album und Musikmeilenstein *Achtung Baby* aus dem Jahr 1991 ein Werk vor, das nicht nur mich damals, der ich seit den Alben *The*

Joshua Tree (1987) und *Rattle and Hum* (1988) und seit dem Kino-Dokumentarfilm *Rattle and Hum* (1988; Regie: Phil Joanou) ein großer Fan der Band war, beim ersten Hören ein wenig verstört hat, da der darauf vollzogene Stilwechsel weg von den Blues-Einflüssen hin zum Industrial-Rock wahrlich radikal erschien.

Ein ähnliches Erlebnis hatte ich ein Jahr zuvor, also 1990, als ich das zweite Solo-Album meines *absoluten* Lieblingssängers George Michael, nämlich *Listen Without Prejudice Vol. 1*, auf den Plattenspieler gelegt habe. Dieses Werk, das heute, sei es bei Fans, sei es bei der Kritik, längst vollständig rehabilitiert ist, stellte damals einen wirklich irritierenden Bruch dar, nämlich einerseits mit dem musikalischen Stil seines berühmten Vorgängeralbums, des Multi-Millionen-Sellers *Faith* (1987), und andererseits mit dem *Pop-Star-Superstar-Image*, mit dem sich der Sänger offenbar arg herumquälte, was letztendlich auch zu dem langwierigen Streit zwischen George Michael und der Plattenfirma *Sony* geführt hat, die den ehemaligen *Wham!*-Sänger als, naja, eben globalen *Pop-Super-Star* behandelt und verstanden hat.

Leider ist George Michael ja zu Weihnachten 2016 mit nur 53 Jahren verstorben. Für die Tatsache, dass ich ihn im

Oktober 2012 in der Wiener Stadthalle, auf der *Symphonica*-Tour, noch *live* erleben durfte, bin ich heute noch dankbar…

II

Ganz ehrlich: Was wären die 80er-Jahre ohne Sylvester Stallone oder auch Arnold Schwarzenegger gewesen?

Irgendwie nicht dasselbe!

Denn: *Nicht* Mickey Rourke, wie es damals oft in den Medien geheißen hat, war der „Superstar der 80er", sondern Stallone und Schwarzenegger waren die „Superstars der 80er" und haben diesem Jahrzehnt ihren, vielleicht manchmal etwas brachialen, Stempel aufgedrückt wie keine zwei anderen Darsteller. Und jeder, der in den 80ern eine Hantel oder Gewichte auch nur angeschaut hat, hat entweder an Stallone oder an Schwarzenegger oder an beide zugleich denken müssen.

Die mittlerweile, rechnet man das 2015 erschienene Spin-off *Creed* (Creed – Rocky's Legacy; Regie: Ryan

Coogler) mit ein, und das muss man, sieben Teile umfassende Filmreihe *Rocky* ist vor allem ein Beleg dafür, dass Stallone durchaus ein solider Drehbuchautor und auch ein solider Regisseur ist, wobei natürlich der erste *Rocky*-Teil, der, schlicht mit *Rocky* betitelt, 1976 in die Kinos gekommen ist und, wie dann erst wieder *Rocky V* (1990), von John G. Avildsen inszeniert wurde, der absolute Höhepunkt der Serie bleibt und einer der wichtigsten US-amerikanischen Filme der 70er-Jahre (und das will in einem Jahrzehnt, wo die filmischen Meisterwerke scheinbar nur so aus dem Boden geschossen sind, so einiges heißen!). Alles an *Rocky*, dieser mitreißenden Boxer-Aufsteigergeschichte, ist Kult: Die Dialoge, der Soundtrack, die legendären Trainings-Sequenzen, die Art und Weise, wie die Stadt Philadelphia in Szene gesetzt ist. Die Magic Moments in *Rocky* sind so zahlreich, dass es einem schwer fällt, sie alle aufzuzählen. Zwei Momente haben jedoch absolut ikonischen Charakter, nämlich, Moment Nummer eins, als Rocky die Treppen hinauf zum Philadelphia Museum of Art läuft und dort die Arme zu der berühmten Jubelpose emporstreckt, und, Moment Nummer zwei, als Rocky nach dem Kampf gegen Apollo Creed (gespielt von Carl Weathers), halb blind von seinen im Ring erlittenen Verletzungen, lautstark den Namen seiner Verlobten Adrianna (gespielt von Talia Shire), genannt „Adrian", ruft.

Hat man dem *Rocky*-Original schon eine gewisse Rührseligkeit und die „typisch amerikanische" Aufsteigergeschichte bzw. Aufsteigermentalität vorgeworfen, so werden natürlich im Laufe der Filmserie die Plots immer ein wenig schwächer, das „Aufsteigergeschwätz" immer ein wenig penetranter und die Mischung aus „Kraftmeierei" und Sentimentalität immer dominanter. Den Vogel in dieser Hinsicht schießt hier natürlich *Rocky IV* (1985; Rocky IV – Der Kampf des Jahrhunderts; Regie & Drehbuch: Sylvester Stallone) ab, der in vielerlei Hinsicht ein erstaunliches, aber auch absolut sehenswertes „Machwerk" ist, das auch als Propagandafilm *für* den Kalten Krieg und *für* Ronald Reagans diesbezügliche Ansichten fungiert und funktioniert. Stand im Zentrum von *Rocky II* (1979; Regie & Drehbuch: Sylvester Stallone) noch der Rückkampf gegen Apollo Creed und ging es in *Rocky III* (1982; Rocky III – Das Auge des Tigers; Regie & Drehbuch: Sylvester Stallone) darum, die erlittene Schmach der Niederlage gegen den von Mr. T gespielten James „Clubber" Lang in einem Rückkampf auszumerzen, so kämpft Rocky Balboa in Teil vier in Moskau gegen den von dem späteren B-Action-

Film-Star Dolph Lundgren dargestellten Boxer Ivan Drago, der als mit Stereoiden vollgepumpte stumpfsinnige russische Kampfmaschine gezeichnet wird. Dass der Film als antisowjetischer Propagandafilm aber sein Ziel ganz und gar nicht verfehlt, zeigt die Tatsache, dass man fast nicht anders kann, als bei der Szene, in der Rocky, nach einem *absurd* intensiven Schlagabtausch zwischen ihm und Drago, der *in der Realität* wahrscheinlich gleich vier Schwergewichtsboxer ins Grab befördert hätte, die ganze antiamerikanische Stimmung im Moskauer Publikum dreht und begeisterte „Rocky! Rocky!"-Rufe erntet, eine Gänsehaut zu bekommen. Aber eigentlich ist *Rocky IV* eine Rache-Geschichte, die auf einem der *tragischsten Momente der 80er-Jahre-Filmgeschichte* (und das meine ich absolut ernst!) basiert, nämlich auf den Film-Tod von „Apollo Creed" Carl Weathers, der von „Ivan Drago" Dolph Lundgren in einem Schaukampf getötet wird. Rocky nimmt also, auf einer ganz persönlichen Ebene, in Moskau Rache für Creeds Tod, fungiert aber, auf einer allgemeinen Ebene, als eine die Fäuste schwingende US-Super-Waffe des Kalten Krieges, eine Tatsache, die den Film irgendwie einzigartig und vor allem auch *einzigartig vergnüglich* macht.

Ein nicht minder „treuer" und „verlässlicher" Begleiter durch die 80er, so wie eben Rocky Balboa, war natürlich Stallones zweite *super*-ikonische Rolle, nämlich die des Vietnam-Veteranen und der ultimativen „one-man-army" John Rambo, ohne Zweifel eine Figur, der man zugestehen muss, dass sie ihren Weg ins kollektive Unterbewusstsein gefunden hat und wahrlich auch als Synonym für „eine gewisse Art, Dinge zu lösen" gilt. Ist der erste *Rambo*-Teil, also *First Blood* (1982; Rambo; Regie: Ted Kotcheff; literarische Vorlage: David Morrell), noch ein relativ seriöser Film, der seinerzeit in Deutschland sogar mit dem Prädikat „besonders wertvoll" ausgezeichnet worden ist (der Regisseur Hans Christoph Blumenberg meinte damals ohnehin, dass *First Blood* ohne dem „perfiden Ende", in dem die Anti-Kriegs-Demonstranten unterm Strich für Rambos Zusammenbruch verantwortlich gemacht werden, ein „großer Film" hätte sein können) und letztendlich auch das traurige Dasein vieler Vietnam-Veteranen nach ihrer Rückkehr in die Heimat thematisiert, so gerät die Hauptfigur in den Fortsetzungen zu einer Art Comic-Figur, die von Stallone, ähnlich wie Rocky Balboa in *Rocky IV*, auch immer stärker zu einer ideologischen Waffe umfunktioniert wurde.

So weit, so gut.

Das Problem ist nur: Mir *persönlich* hat speziell *Rambo: First Blood Part II* (1985; Rambo II – Der Auftrag; Regie: George Pan Cosmatos) *immer* gefallen, in dem Stallone nach Vietnam zurückkehrt, US-Kriegsgefangene befreit und sich quasi im Nachhinein für die US-Niederlage in Vietnam rächt. Der Film ist einer meiner *Allzeit-Lieblings-80er-Jahre-Action-Kultfilm-Klassiker* und gehört für mich zu dem Jahrzehnt wie etwa das Album *Thriller* (1982) von Michael Jackson. Ein Poster zu dem Film, auf dem Stallone mit seinem Bogen und den Sprengpfeilen, mit denen er dann den Vietnamesen-Oberbösewicht ins Jenseits befördert, in der Nähe eines Wasserfalls steht, hat jahrelang, ähnlich wie das Filmplakat zu *Lethal Weapon 2* (1989; Brennpunkt L.A. – Lethal Weapon 2; Regie: Richard Donner), die Wand meines Zimmers in meinem Elternhaus geziert und habe ich in einem anderen Artikel einmal gemeint, ich könne die Dialoge in dem Mel Gibson-Klassiker *Lethal Weapon* (1987; Lethal Weapon – Zwei stahlharte Profis; Regie: Richard Donner) mitsprechen, so trifft das auf jeden Fall auch auf *Rambo: First Blood Part II* zu.

Insofern kann ich auch nicht wiederstehen, an dieser Stelle einen wirklich denkwürdigen „Gedankenaustausch" zum Thema „John Rambo" aus *Rambo: First Blood Part II* wiederzugeben, in dem der von Charles Napier gespielte Marshal Murdock seine Bedenken bezüglich Rambo zum Besten gibt, woraufhin Rambos Vertrauter und Freund sowie auch ehemaliger Vorgesetzter Colonel Trautman (gespielt von Richard Crenna) diese dann mit einer wirklich *wunderbar kultigen* Antwort entkräftet.

Nachdem sich Rambo bei einem Briefing bezüglich seiner Mission, „eventuell in Südost-Asien noch vorhandene US-Kriegsgefangene aufzuspüren und *nur* zu fotografieren", irgendwie uninteressiert gezeigt hat, holt Murdock Trautman also zu einem Gespräch beiseite und es entsteht folgender Dialog:

MARSHAL MURDOCK

Colonel!

Sind Sie wirklich sicher, dass der Mann zuverlässig ist?

Wir können es uns nicht leisten, jemanden einzusetzen, der vielleicht unter dem Druck in dieser Hölle zusammenbrechen könnte.

COLONEL TRAUTMAN

Druck?

Lassen Sie mich nur eins sagen!

Rambo ist der beste Front-Veteran, den ich kenne.

Eine fehlerfreie Kampfmaschine mit nur einem

Gedanken: Einen Krieg zu gewinnen, den andere

schon verloren haben.

Und wenn gewinnen sterben heißt, dann würde er

auch das, ohne nachzudenken und ohne Angst.

Ach so, nur noch eine Sache.

Was Sie vorhin Hölle nannten, nennt er sein Zuhause.

Wenn Sie sich jetzt in Zusammenhang mit diesem Dialog denken *Das ist so etwas von übel klischeehaft, chauvinistisch und auch irgendwie dumm!*, so mögen Sie recht haben, nur mir ist ein Film, der als Gesamtes ein Klischee ist, wie *Rambo: First Blood Part II*, oft weit lieber als zum Beispiel ein Werk wie John McTiernans *Die Hard* (1988; Stirb langsam), das eigentlich ein *wirkliches* Action-Film-Meisterwerk wäre (für einige Fans und Kritiker sogar überhaupt der „perfekte Film"), bei dem ich aber ein entscheidendes Detail als absolut störend empfinde, nämlich die Darstellung der FBI-Agents als „Ober-Blödmänner", eine inszenatorische Entscheidung, die das gesamte letzte Drittel des Films qualitativ beeinträchtigt. Ein weiterer Film, der übrigens als Gesamtes ein *einziges* Klischee ist, aber immer wieder unerhört Spaß macht, ist der Nora Ephron-Klassiker *Sleepless in Seattle* (1993; Schlaflos in Seattle) mit Tom Hanks und Meg Ryan.

Teil drei und Teil vier der *Rambo*-Quadrilogy, betitelt schlicht mit *Rambo III* (1988; Regie: Peter MacDonald) und *John Rambo* (2008; Regie: Sylvester Stallone), haben nicht ganz das Kultpotential von Teil eins oder gar Teil zwei. *Rambo III*, für den sich Stallone, zehn Jahre *bevor* das in Hollywood bei den größten Box Office-Stars so üblich war, die Gage von 20 Millionen Dollar zugebilligt hat, kann man sicherlich die törichte antirussische Propaganda vorwerfen, die einem beim Betrachten des Films, im Gegensatz zu *Rocky IV*, aber keinerlei Spaß macht. Grundsätzlich gibt es aber eine Menge *komischer* Szenen in *Rambo III*, in dem sich die Hauptfigur bekanntlich in den Afghanistan-Konflikt einmischt, nur fürchte ich, dass keine davon *ursprünglich* komisch gemeint war :-).

Ein viel sehenswerterer und würdigerer Ableger der Film-Serie ist da schon *John Rambo*, ein Film, der es 2008 sogar geschafft hat, mich noch einmal in eine Kino-Spät-vorstellung zu locken, und das ist etwas, was ich seit 1995, zu *Pulp Fiction*-Zeiten, nicht mehr gemacht habe. *John Rambo* besticht durch seine hervorragende Kameraarbeit und durch den hervorragenden Schnitt, und *nicht* durch die „Gewaltpornographie", welche die *Chicago Sun-Times* dem Film vielleicht sogar zurecht vorgeworfen hat. Am be-eindruckendsten bleibt für mich aber die *herrlich schlechte Laune* der Hauptfigur, denn dieser vierte *Rambo*-Teil kann für sich locker in Anspruch nehmen, derjenige Film der Filmgeschichte zu sein, in dem die Hauptfigur die schlech-teste Laune überhaupt hat :-). Mit Stallone aufnehmen kann es in dieser Hinsicht wohl nur der gealterte „Luke Skywalker" Mark Hamill in *Star Wars: The Last Jedi* (Star Wars: Die letzten Jedi; Regie: Rian Johnson) aus 2017.

Die City Cobra - Der City Hai - City Wolf.

1986 hatten die deutschen Verleihfirmen wohl ein be-sonders kreatives Jahr und man könnte 1986, was die deut-schen Verleihtitel einiger Actionfilme anbelangt, ohne weiters als das „*City*-Jahr" der Filmgeschichte bezeichnen. Allerdings: Alle drei genannten Filme sind *irgendwie* Klas-siker, wenngleich auf ganz unterschiedlichen Ebenen.

So ist *Raw Deal* (Der City Hai; Regie: John Irvin) ganz sicher nicht der beste Schwarzenegger-Film der 80er, denn das sind immer noch – natürlich - *The Terminator* (1984; Regie: James Cameron) und *Predator* (1987; Regie: John McTiernan), aber der Film, in dem Schwarzenegger einen Cop spielt, der undercover in Mafia-Kreisen ermittelt, hat eine sehr spektakuläre Schluss-Schießerei, in der Schwarzenegger fast so schön mit seinen Gegnern aufräumt wie ein Jahr zuvor in *Commando* (1985; Das Phantom-Kommando; Regie: Mark L. Lester).

John Woos *A Better Tomorrow* (City Wolf), mit Ti Lung sowie dem leider 2003 freiwillig aus dem Leben geschiedenen Leslie Cheung und mit Chow Yun-Fat, gehört zu einer völlig anderen Klasse von Film und gilt als einer der besten chinesischen Filme aller Zeiten und als *der* chinesische Action-Klassiker jenseits des Kung Fu-Film-Genres. Nur: Ich persönlich habe mit diesem Film, der sogar eine eigene filmische Stilrichtung begründet hat, „*Heroic Bloodshed*" genannt, wie mit fast allen John Woo-Filmen, so meine Schwierigkeiten. Was soll ich sagen: Ich bin mir seiner Bedeutung absolut bewusst, aber er gefällt mir einfach *nicht*, heute genauso wenig wie damals in den 80ern. Ähnlich wie mit *A Better Tomorrow* ergeht es mir aber auch mit einem Film wie Clint Eastwoods hochgelobten aber aus meiner Sicht völlig überbewerteten Oscar-Film *Million Dollar Baby* (2004) oder mit einem Musik-Album wie dem legendären *Pet Sounds* (1966) von den *Beach Boys*, das regelmäßig ganz vorne auf allen Bestenlisten zu finden ist.

Cobra (Die City Cobra), der wiederum, wie *Rambo: First Blood Part II*, von George Pan Cosmatos inszeniert wurde und zu dem Sylvester Stallone das Drehbuch geschrieben hat, ist natürlich in erster Linie ein 80er-Jahre Action-Machwerk der Sonderklasse (so wie viele von dem *Cannon Films* Team Menahem Golan & Yoram Globus produzierte Filme, man denke da nur an Sam Firstenbergs *American Ninja*/dt.: American Fighter mit Michael Dudikoff aus 1985 oder an den von Menahem Golan persönlich inszenierten *The Delta Force*/dt.: Delta Force mit Chuck Norris aus 1986), das aber, zumindest mir, ähnlich Spaß macht wie eben der zweite *Rambo*-Teil. Allein Stallones Aufmachung in dem Film ist einfach Kult: Sonnenbrille, schwarze Handschuhe (die er auch bei sich zu Hause nicht auszuziehen scheint) und in der ausgewaschenen Jeans-Hose immer seine mit dem Bild einer Cobra versehene Schusswaffe. Am *kultigsten* ist aber der Name der Filmfigur, der Name dieses, wie es in dem Film einmal heißt,

Cops aus der „*Zombie*-Abteilung", den sich da Stallone als Drehbuchautor zugedacht hat: *Marion* Cobretti.

Ein besonderer Aspekt des Films ist auf jeden Fall auch, dass Stallone in *Cobra*, wie übrigens schon in *Rocky IV*, mit seiner späteren Frau Brigitte Nielsen vor der Kamera steht, was dem Film einen besonderen Reiz verleiht, denn rein schauspielerisch betrachtet, so rein *objektiv* meine ich, befindet wir uns mit den darstellerischen Leistungen Stallones als „Marion Cobretti" und Nielsens als „Ingrid Knudsen" natürlich im Schauspiel-Nirvana, eine Tatsache, die den berühmten US-Showmaster David Letterman seinerzeit dazu bewogen hat, in Anlehnung an den Slogan des Films „*Crime is a disease. He's the cure.*", zu meinen „*Stallone is a disease. Acting lessons are the cure*".

Wobei auch hier wiederum gilt: Stallone macht auch in *Cobra* nur das, wofür ihn seine Fans geliebt haben (und immer noch lieben) und wofür er als Filmstar seinerzeit sagenhaft (*über*-) bezahlt wurde!

Wie auch bei *Rambo: First Blood Part II* kann ich nicht umhin, einen Dialog aus *Cobra* wiederzugeben, denn *Cobra* ist, genau genommen, voll von Stallone-Aussagen, die es wert sind, zitiert zu werden (Stallone spricht natürlich, wie immer, nur das „Aller-Nötigste" in dem Film, aber das, was er sagt, ist auch nach 32 Jahren, die seit dem

Erscheinen des Films vergangen sind, *immer noch* ein großes Vergnügen!).

Bevor der Cop Marion Cobretti, von allen „Cobra" genannt, den „Supermarket Killer" (gespielt von Marco Rodriguez) tötet, der zu Beginn des Films ein Massaker in einem Einkaufszentrum anrichtet und der auch zu der mordenden Bande gehört, die, von dem so genannten „Night Slasher" (mit *wirklich* einschüchternder physischer Präsenz dargestellt von Brian Thompson; die Namensgebung „Night Slasher" ist natürlich angelehnt an den realen Fall des Serienmörders Richard Ramirez, den man den „Night Stalker" nannte) angeführt, Los Angeles terrorisiert, kommt es noch zu folgendem Dialog:

„COBRA"

Und jetzt ganz ruhig, Amigo.

Willst du reden?

Wir reden.

Bin immer für eine kleine Unterhaltung.

SUPERMARKET KILLER

Wer will denn mit dir reden?

Die Leute vom Fernsehen sollen kommen.

Und zwar sofort!

Die sollen alles miterleben.

„COBRA"

Geht leider nicht.

SUPERMARKET KILLER

Warum nicht?!

„COBRA"

Ich verhandle nicht mit Psychopathen.

Ich räum sie aus dem Weg.

SUPERMARKET KILLER

Ich bin kein Psychopath!

Vor dir steht ein auserwählter Jäger.

Ich bin der Held der neuen Welt!

„COBRA"

Du bist eine Krankheit.

Und ich die Medizin.

Der allerbeste Film, den Stallone in den 80ern gemacht hat, und das meine ich jetzt wirklich einmal abseits solcher Kategorien wie „kultig" oder dergleichen und ganz auf die *tatsächliche* filmische Qualität bezogen, war aber der „crime-thriller" *Nighthawks* (1981; Nachtfalken; Regie: Bruce Malmuth). Wobei weder Stallone noch Billy Dee Williams (durch die Rolle des Lando Calrissian in zwei *Star Wars*-Filmen *eigentlich* auch weltberühmt) den Film, der sich, aus heutiger Sicht, auf fast visionäre Weise mit dem Thema „urban terrorism" auseinandersetzt, tragen, sondern der Niederländer Rutger Hauer, der als Terrorist „Wulfgar" in *Nighthawks* sein eindrucksvolles US-Debüt gegeben hat. Selbst Stallone hat in einem Interview aus dem Jahre 1993 zugeben müssen, dass Hauer die eigentliche Trumpfkarte des Films war: *Rutger Hauer's performance held it together – he was an excellent villain.*

Ein Highlight aus den 1980er-Jahren muss ich aber auch noch erwähnen, wobei ich hier ganz und gar nicht den *gesamten* Film *Tango & Cash* (1989; Tango und Cash; Regie: Andrei Konchalovsky) meine, im Übrigen ein „buddy cop action comedy"-Ableger mit Stallone und Kurt Russel im Geiste von *48 Hrs.* (1982; Nur 48 Stunden; Regie: Walter Hill) und vor allem *Lethal Weapon*, der aber nicht annähernd an diese Vorbilder heranreicht, sondern vor allem einen *Magic Moment*, der gleich zu Beginn des Films vorkommt. Gemeint ist hier die Szene, in der Stallone, dabei cool seinen Revolver ladend, mitten auf der Straße auf einen herannahenden LKW wartet, in dem sich zwei Gauner befinden, dann auf diesen LKW schießt, mit der Konsequenz, dass die beiden Gauner beim Abbremsen durch die beschädigte Frontscheibe hinaus und vor „Ray Tango" Stallone auf die Straße stürzen. Die Szene ist natürlich fast eine 1:1-Kopie der berühmten Szene aus Jackie Chans Action-Meilenstein *Police Story* (1985; Regie: Jackie Chan), mit dem Unterschied, dass Chan dort auf diese Weise einen *Bus* mit Gangstern zum Anhalten zwingt. Aber lassen wir das Wort „Kopie" hier mal beiseite und sehen die Szene einfach als Reminiszenz einer Action-Ikone an die andere.

III

Wer jetzt meint, dass James Mangolds *Cop Land* aus 1997, abseits von *Stop! Or My Mum Will Shoot* natürlich, *nicht* der erste Versuch Stallones war, sein festgefahrenes Leinwand-Image zu ändern, der liegt natürlich goldrichtig, denn auch schon 1987, in *Over the Top* (Regie: Menahem Golan), gab sich Stallone, als Trucker, der seinen entfremdeten Sohn zurückgewinnen will und ganz nebenbei Weltmeister im Armdrücken wird, ungewöhnlich zahm und sensibel, das Problem ist nur, dass *Over the Top*, ohnehin nur als ein „Zwischendurch-Werk" zwischen *Cobra* (1986) und *Rambo III* (1988) gedacht, einfach nichts Reizvolles besitzt, denn der Vater & Sohn-Konflikt hat penetrant melodramatische Elemente und bei der versuchten filmischen Ästhetisierung des Armdrückens schaut, wenig überraschend, auch nicht viel raus. Seltsamerweise bei der sonst stets Stallone-*kritischen* Filmkritiker-Riege besser angekommen ist da die Komödie *Oscar* (Oscar – Vom Regen in die Traufe) von *The Blues Brothers* (1980; Blues Brothers)-Regisseur John Landis aus dem Jahr 1991, in der Stallone gemeinsam mit Ornella Muti vor der Kamera stand. Landis' Werk spielt zur Zeit der Alkohol-Prohibition in den 1930er-Jahren und ist ein Remake des gleichnamigen Louis de Funes-Klassikers aus 1967 (Regie: Edouard Molinaro), in dem de Funes den steuerhinterziehenden Industriellen Bertrand Barnier spielt. Stallones Darstellung des Gangsterbosses Angelo „Snaps" Provolone, der versucht ehrlich zu werden, hat damals sogar Kathleen Maher vom *Austin Chronicle* dazu bewogen zu meinen, dass es

Stallone mit *Oscar*, diesem Ausflug ins Komödienfach, erfolgreich gelungen sei, *Rocky* und *Rambo* „zu töten", denn nichts anderes sah Maher in Stallones Absicht, plötzlich Filmkomödien zu drehen.

Aber im Grunde hat man auch nicht bis 1987, bis zu dem eher durchwachsenen *Over the Top*, warten müssen, bis „Sly" Stallone, wie er von Fans genannt wurde und wird, eine etwas andere Seite von sich zeigt, sondern hat schon 1978, zwei Jahre nach dem ersten *Rocky*-Film, in Stallones erster Regie-Arbeit *Paradise Alley* (Vorhof zum Paradies; Drehbuch: Sylvester Stallone), einem „sports film" mit melodramatischen Elementen, erahnen können, dass in dem Schauspieler, Regisseur und Drehbuchautor das Potential für „filmische Überraschungen" steckt. *Paradise Alley* wurde damals allerdings von der Kritik ziemlich zerrissen, sogar als ein Film bezeichnet, der die Publikumsintelligenz beleidige. Das finde ich gar nicht, denn er hat berührende Momente, die einem im Gedächtnis bleiben, so wie zum Beispiel die Szene, in der der Hilfsarbeiter und Stallone-Film-Bruder Victor (gespielt von Lee Canalito) mühsam einen riesigen Eisblock die Treppen hinauf und zu einer Wohnung schleppt, den dann letztendlich niemand haben will.

Da Sylvester Stallones, wie ich in Teil 2 meines Artikels bereits kurz angesprochen habe, schauspielerische Möglichkeiten limitiert sind, das ist eben eine Tatsache :-), hat er sich schwer getan, seinen erheblichen Starruhm der 70er- und vor allem 80er, trotz Hits wie dem „action adventure film" *Cliffhanger* (1993; *Cliffhanger* – Nur die Starken überleben; Regie: Renny Harlin) oder dem „science fiction comedy action film" *Demolition Man* (1993; Regie: Marco Brambilla) mit den Co-Stars Wesley Snipes und Sandra Bullock, in die 90er-Jahre hinüberzuretten und sein Figurenrepertoire irgendwie den „neuen cineastischen Gegebenheiten" anzupassen. Der von dem damaligen Regie-Debütanten James Mangold, dem späteren Regisseur des Johnny Cash-Biopics *Walk the Line* (2005) und des Tom Cruise- Cameron Diaz-Starvehikels *Knight and Day* (2009), geschriebene und inszenierte melodramatische Thriller *Cop Land* war insofern ein verständlicher Versuch Stallones, es John Travolta nachzumachen, der es bekanntlich geschafft hatte, mit Quentin Tarantinos abseits des ganz großen Studiosystems entstandener und vergleichsweiser „Low-Budget-Produktion" *Pulp Fiction* (1994) völlig unerwartet ein riesiges Comeback zu starten, das ihn sogar wieder in die *20 Millionen Dollar pro Film*-Filmstar-Riege zurück katapultierte. Es mag also nicht wundern, dass Stallone für die Rolle des schwerhörigen und etwas phlegmatischen Vorstadt-Sherriffs Freddy Heflin die gewerkschaftlich festgelegte Mindestgage akzeptiert hat und sogar bereit war, rund 15 Kilo an Gewicht zuzulegen, um nicht, wie der Regisseur Mangold befürchtete, zu „heldenhaft" auszusehen.

Ganz allgemein betrachtet ist *Cop Land* ein Vertreter jener Richtung innerhalb des amerikanischen „cop film"-Genres, in welchem Cops porträtiert werden, die sich „gegen das System", also gegen *Korruption im Polizeiapparat* und gegen *korrupte Kollegen* wenden. Der vielleicht berühmteste und beste filmische Vertreter dieses Subgenres ist wohl immer noch Sidney Lumets *Serpico* (1973) mit Al Pacino. Pacino gibt in diesem Werk, das zu den ganz großen Würfen des *New Hollywood* zählt und das auf realen Geschehnissen beruht, den New Yorker Polizisten Francisco Vincent „Frank" Serpico, der sich offen gegen Korruption im New York City Police Department wendet und dadurch zahlreichen Repressionen und Anfeindungen ausgesetzt ist. Lumets Film war einer der ersten, der die Korruption im US-Polizeiapparat thematisiert hat. Er zählt aber auch zu den absoluten Sternstunden von Al Pacino, über dessen schauspielerische Glanzleistung auch der *echte*

Frank Serpico einmal in einem Interview gemeint hat, dass Pacino mehr „Frank Serpico" war als er selbst.

Der Tatsachen-Thriller *Serpico* ist auch ein wenig das Gegenmodell zu Cop-Filmen wie Don Siegels berühmten *Dirty Harry* (1971) mit Clint Eastwood. Eastwood, der durch die Rolle, nach einer Reihe von Western, auch in den USA ein *echter* Superstar wurde, spielt in gewisser Weise zwar *auch* einen Polizisten, der gegen das System rebelliert, nur tut er das auf jene Weise, wie das eben Stallone 1986 in *Cobra* macht, nämlich mit „alternativen Methoden" und einer zynischen Holzhacker-Selbstjustiz-Philosophie, die als einzig potentes Mittel präsentiert wird, gegen das Verbrechen oder gegen das Böse anzukommen. Nur selbstverständlich ist der erste *Dirty Harry*-Teil, in Gegensatz zu den vier danach entstandenen *Dirty Harry*-Fortsetzungen oder im Gegensatz zu Stallones *Cobra*, ein echtes Meisterwerk, das, Don Siegel sei Dank, jenseits der darin vertretenen Ideologien, durch eine atmosphärisch dichte Milieu-Zeichnung sowie durch eine virtuose Kamera- und Schnitt-Arbeit besticht.

Cop Land hätte in der zweiten Hälfte der 90er aber nicht nur Stallones Karriere wieder reanimieren können, was im Übrigen nicht in dem Ausmaß geschehen ist, wie er es sich erhofft hatte, sondern auch das darniederliegende „cop film"-Genre, das in dem besagten Jahrzehnt nicht mehr sehr angesagt bei Filmemachern und Publikum war. Außer Mike Figgis' *Internal Affairs* (Internal Affairs – Trau ihm, er ist ein Cop) aus dem Jahr 1990, in dem Andy Garcia, als interner Ermittler Raymond Avilla, dem manipulativen und kriminellen Cop Dennis Peck, gespielt von Richard Gere, auf den Fersen ist, würde mir jetzt auf Anhieb gar kein Film einfallen, der halbwegs erwähnenswert wäre, nämlich *neben* einem *der* filmischen Meisterwerke der 90er, Curtis Hansons *L.A. Confidential* (1997), der auf der gleichnamigen literarischen Vorlage (der deutsche Titel des 1990 erschienenen „*Hardboiled-Detective*"-Romans, der im L.A. der 1950er-Jahre spielt, lautet *Stadt der Teufel*) des großen James Ellroy basiert und der mit einer Reihe fabelhafter schauspielerischer Leistungen seines beeindruckenden Schauspielensembles, bestehend aus Russel Crowe, Kevin Spacey, Kim Basinger, Danny DeVito, Guy Pearce und James Cromwell, auftrumpfen kann.

So wirklich war es erst Antoine Fuqua 2001 mit *Training Day*, einem „crime thriller", für den Denzel Washington sogar, für seine Rolle des korrupten und brutalen Cops Alonzo Harris, den Hauptdarsteller-Oscar erhalten hat, gelungen dem Polizeifilm-Genre frischen Wind zu verleihen.

Außerdem erwähnenswerte Beiträge der letzten fünfzehn Jahre wären, *nein* – nicht Belangloses wie *Hollywood Homicide* (2003; Hollywood Cops; Regie: Ron Sheldon) mit Harrison Ford und Josh Hartnett, sondern *Brooklyn's Finest* (2009; Gesetz der Straße – Brooklyn's Finest), der wiederum von Antoine Fuqua inszeniert wurde, sowie *Pride and Glory* (2008; Das Gesetz der Ehre) von Regisseur Gavin O' Connor und *Street Kings* (2008) von David Ayer.

Bei dem mitreißenden „Ensemblestück" *Brooklyn's Finest*, dem besten dieser drei genannten Cop-Filme aus den Jahren 2008 und 2009, ist vor allem die überzeugende Leistung von Richard Gere hervorzuheben, der darin eine der Hauptfiguren spielt, nämlich einen desillusionierten Streifenpolizisten kurz vor der Pensionierung, der sich kurz *nach* der Pensionierung dann doch irgendwie innerlich gezwungen fühlt, bei einem Kriminalfall einzugreifen. Richard Geres Officer Edward „Eddie" Dugan steht in einer Reihe von großartigen „Altersrollen" Geres, denn die scheinen ihm, wie zum Beispiel auch die Filme *Arbitrage* (2012; Arbitrage – Der Preis der Macht; Regie: Nicholas Jarecki) und *Hachi: A Dog's Tale* (2009; Hachiko – Eine wunderbare Freundschaft; Regie: Lasse Hallström) beweisen, irgendwie sehr gut zu liegen.

Pride and Glory, im Kern eine recht wüste Cop-Familien-Geschichte, besticht wiederum durch die unbändig radikale Inszenierung Gavin O' Connors, der es auch verstanden hat, aus seiner spektakulären Schauspielerriege, bestehend aus Edward Norton, Colin Farrell und Jon Voight, das Allerbeste herauszuholen.

Auch *Street Kings* mit Keanu Reeves, Forest Whitaker und „Dr. House" Hugh Laurie, ein Film, bei dem der Starautor James Ellroy am Drehbuch beteiligt war, kommt relativ kompromisslos daher, nimmt sich aber, durch seine nicht ganz ausbalancierte Mischung aus recht reißerischen Baller-Szenen und sozialkritischen Ansätzen, ein wenig von seinem zweifellos vorhandenen Potential ein *eindeutig* guter Cop-Film zu sein.

Trotz der Tatsache, dass die Action-Super-Ikone Sylvester Stallone in *Cop Land* Teil eines spektakulären Schauspielensembles ist, bestehend aus Schauspiellegenden wie Harvey Keitel, Robert De Niro und Ray Liotta, macht er den Film ganz und gar zu seinem. Denn eigentlich wäre Mangolds Werk jetzt nicht unbedingt „das Gelbe vom Polizeifilm-Ei", denn sowohl Keitel als auch De Niro und Liotta spielen ihre Rollen nur routiniert, aber auch nicht mehr.

Der übergewichtige Sheriff Freddy Heflin, der Sheriff von „Cop Land", wie „Lt. Moe Tilden" Robert De Niro die fiktive und jenseits des Hudson Rivers gelegene Kleinstadt Garrison, die eben voller dort angesiedelter Cops ist, einmal nennt, jedoch ist eine traurige, melancholische, leicht unglückselige Figur. Und wenn Sly Stallone, mit seiner berühmten schiefen Lippe, nach einem alkoholbedingen nächtlichen Autounfall mit einem Wild, traurig und sehnsuchtsvoll über den Hudson River hinüber nach New York City schaut, die Stadt, in der eben das New York City Police Department ist, dem er, wegen seiner einseitigen Taubheit, nicht angehören kann und darf, dann verströmt das pure Melancholie, die den sonst eher konventionellen Film auf eine ganz andere Ebene hebt. Natürlich bin ich mir bewusst, dass die den zahlreichen kosmetischen Operationen Stallones geschuldete Starrheit im Gesicht hier ihren Teil zu der Gesamtwirkung beiträgt :-).

Highlights des Films sind auch jene stillen Momente, in denen „Freddy Heflin" Sylvester Stallone bei sich zu Hause sitzt, offenbar über sein verpfuschtes oder zumindest vergeudetes Leben nachdenkt oder sich dort auch mit Liz Randone (gespielt von Annabella Sciorra) trifft (der Frau, der er einst das Leben gerettet hat, was letztendlich seine einseitige Taubheit hervorgerufen hat, die aber jetzt mit einem anderen, einem *richtigen*, Cop verheiratet ist) und die langsamen und melancholischen Bruce Springsteen-Songs *Drive All Night* und *Stolen Car* hört, beide aus dem Doppel-Album *The River* von 1980.

Cop Land ist aber auch die Geschichte eines Mannes, der sich dazu entscheidet nicht mehr wegzusehen und die Initiative zu ergreifen, angesichts der Ungeheuerlichkeiten, denen er sich gegenübersieht, wie etwa den Tatsachen, dass die Stadt Garrison, die bevölkert von Cops ist, von „Mafiakrediten" finanziert wurde oder dass der Polizist Murray „Superboy" Babitch (Michael Rapaport) plötzlich von seinem Onkel Ray Donlan (Harvey Keitel) und dessen Polizei-Kumpanen dann doch getötet werden soll, nachdem sie ihm ursprünglich geholfen haben nach der versehentlichen Erschießung zweier junger Schwarzer zu verschwinden. Plötzlich erhebt sich der von allen in Garrison als *Beinahe*-Dorftrottel behandelte Sheriff also gegen das dortige korrupte Polizei-Establishment, das von „Ray Donlan" Harvey Keitel skrupellos angeführt wird, und befreit sich, mit der Hilfe von „Gary Figgis" Ray Liotta, von der Schmach kein *wirklicher* Cop zu sein.

Wie bereits erwähnt, die Liste der Co-Stars von Stallone in *Cop Land* wirkt beeindruckend, aber De Niro, Keitel und Liotta agieren etwas lustlos, als wären sie unterfordert. Liotta darf nur wenig von seinen stets vorhandenen „verrückten Energien", die in einem Film wie Martin Scorseses *Goodfellas* (1990; Good Fellas – Drei Jahrzehnte in der Mafia) am allerbesten zum Ausdruck gekommen sind, zeigen. De Niro hingegen geht einem mit seinen in *Cop Land* dargebotenen schauspielerischen Manierismen, die er seit den 80ern kultiviert hat, etwas auf die Nerven und Harvey Keitels Performance bleibt so unspektakulär und eben routiniert, dass man es kaum glauben kann.

Ein für Filmkenner faszinierender Aspekt bleibt aber, dass Robert De Niro und Harvey Keitel in diesem Film wieder vor der Kamera vereint sind, und das ist etwas, was es seit den glorreichen Scorsese-Zeiten der 70er-Jahre, mit *Mean Streets* (1973; Hexenkessel) und *Taxi Driver* (1976), nicht mehr gegeben hat. Es ist witzig zu sehen, dass die beiden Schauspieler hier Gegenspieler sind, denn in der Realität hatte ja auch Robert De Niro Harvey Keitel, der schon in Scorseses Regie-Debüt *Who's That Knocking at My Door?* (1967; Wer klopft denn da an meine Tür?) gespielt hatte, als Scorseses bevorzugten Hauptdarsteller in den 70ern abgelöst.

Cop Land, dieser „*urban western*", wie ein Making-Of zum Film betitelt war, verfügt jetzt nicht über allzu viele Dialoge, weder normaler noch „kultiger" Natur, die es *unbedingt* wert wären, zitiert zu werden, dennoch möchte ich eine kurze Dialog-Sequenz anführen, die zwar jetzt die Handlung in keinerlei Weise irgendwie vorantreibt, die aber, wie ich finde, einfach einen *wirklich* amüsanten Gag bietet.

Als Stallones Deputy Cindy Betts (gespielt von Janeane Garofalo) „Ray Donlan" Harvey Keitel und dessen Kollegen Jack Rucker (gespielt von Robert Patrick, dem T-1000 aus James Camerons 1991 erschienenen *Terminator 2: Judgement Day*/dt.: Terminator 2 – Tag der Abrechnung) wegen einer Geschwindigkeitsübertretung in Garrison anhält, kommt es zu folgendem Dialog:

DEPUTY CINDY BETTS
Sind Sie im Dienst?

JACK RUCKER
Nein, wir kommen gerade aus Forest Hills, Süße.
Ich bin John McEnroe und das hier ist Jimmy
Connors.

Obwohl ich, um hier den Bogen zu meiner in Teil 1 des Artikels gestellten Eingangsfrage zu spannen, anfangs etwas skeptisch und leicht genervt war, als ich damals aus der Zeitschrift *Cinema* erfahren habe, dass nun also *sogar* Sly Stallone versucht, etwas Seriöses zu drehen, um sein Image aufzupolieren und um seine Karriere wieder anzukurbeln, muss ich sagen, dass James Mangolds *Cop Land*, unterm Strich, ein lohnendes Erlebnis für alle Stallone-Fans ist, das einen fast ein wenig wehmütig macht und einen dazu anstiftet, auch die alten „Stallone-Kracher" wieder auszugraben und anzuschauen.

Im Nachhinein muss man sagen, Stallone hätte 1997 gar nicht versuchen müssen sein Image groß zu ändern, sondern nur noch bis 2010 warten müssen :-). Dort war nämlich die Zeit, oder der Zeitgeist, wieder reif für Retro-Erlebnisse, was der große Erfolg seines Regie-Werks und Action-Ensemblefilms *The Expendables* und dessen beiden Fortsetzungen, *The Expendables 2* (2012; Regie: Simon West) und *The Expendables 3* (2014; Regie: Patrick Hughes), zeigte. Es tat wirklich gut, wieder einmal diesen Haufen gealterter und operierter „Kampfmaschinen" und Action-Stars der Vergangenheit zu sehen, darunter Leute wie Arnold Schwarzenegger, Jason Statham, Jet Li, Dolph Lundgren, Chuck Norris, Mel Gibson, Mickey Rourke und

Harrison Ford, die es gemeinsam mit Stallone noch einmal so richtig krachen lassen.

EPILOG

Irgendwann im Oktober 1988 habe ich versucht, in Begleitung eines Erwachsenen, genauer: in Begleitung meines Vaters, in einem Grazer Kino in einen Film von Stallones größtem Konkurrenten im 80er-Jahre-Action-Kino, nämlich Arnold Schwarzenegger, zu kommen. Der Film war *Red Heat* (Regie: Walter Hill), in dem Schwarzenegger einen russischen Cop spielt, der gemeinsam mit einem amerikanischen Cop, gespielt von James Belushi, in den Staaten auf Verbrecherjagt geht. Aufgrund meines offensichtlich zu jungen Alters wurde mir damals, trotz Begleitperson, der Eintritt verweigert. Ich habe, wie Sie sich vielleicht vorstellen können, diese „Schmach", die mir da unter dem Deckmantel des „Jugendschutzes" angetan wurde, nie vergessen :-). Denn: Ein paar Monate vorher, im Sommer 1988, war es mir in demselben Kino gelungen, mich mit meinem Vater in eine Vorstellung von *Rambo III* zu schmuggeln...

(Juni 2018)

Cast Away (2000; Regie: Robert Zemeckis)
oder: *Warum Tom Hanks der gekrönte König von Hollywood ist…*

I

DETECTIVE
Haben Sie das in einem Buch gelesen?

DETECTIVE SCOTT TURNER (Tom Hanks)
Ja. Ja, ich hab das in einem Buch gelesen. Es war ein ziemlich großes, schwieriges Buch. Aber ich glaube, Ihnen hätte es gefallen. Es waren nämlich viele Bilder drinnen.
(Aus Roger Spottiswoodes Film *Turner & Hooch*/dt.: Scott und Huutsch von 1989)

Schätzen Sie auch so intelligente Filmstars wie Tom Hanks?

Wenn etwa ein Mark Wahlberg tatsächlich sagt, mit *ihm* an Bord hätte es auf den *9/11*-Todesflügen anders ausgesehen, sprich: er wäre mit den Terroristen schon irgendwie fertiggeworden, dann schätzt man nämlich wieder einen Schauspieler wie Tom Hanks umso mehr, den das *Variety*-Magazine, dessen *Hollywood Power-List* er im Jahr 1997 angeführt hatte, einst „*Mr. Congeniality*" und „*The new Jimmy Steward*" nannte und von dem es derartige oder anders geartete *idiotische* Wortspenden schlicht und einfach nicht gibt und auch nie gegeben hat.

Vergessen Sie jetzt mal kurz Leute wie Tom Cruise, Mel Gibson, Kevin Costner oder Harrison Ford, denn in diesem Artikel geht es um den *eigentlichen*, den *wirklichen* König von Hollywood, den „*back to back*"-Oscar-Mann und nach außen hin ultimativen „Hollywood-*Anti*-Freak" Tom Hanks, der bereits 2002, im Alter von nur 46 Jahren, also so früh wie noch keiner vor ihm, vom *American Film Institute* (AFI) den *Life Achievement Award* erhalten hat.

Es gibt Momente in Filmen, die Stars machen oder die zumindest erahnen lassen, dass aus jemanden einmal ein großer Star werden könnte. So ein filmischer Moment, der einen Star gemacht hat, war zum Beispiel jener Moment in

John Fords klassischem Western *Stagecoach* (Ringo) aus dem Jahr 1939, in dem John Wayne erstmals in dem Film auftaucht. Die Postkutsche, die im Zentrum der Geschichte steht und die sich sozusagen mühevoll ihren Weg durch den Wilden Westen bahnen muss, wird kurz angehalten. Schnitt auf Wayne, der mitten auf dem staubigen Weg steht und „*Hold it!*" ruft, wobei die Kamera sich langsam nach vorne und in eine Großaufnahme von Waynes Gesicht bewegt. Eine denkwürdige Szene, nicht weil sie spektakulär ist, sondern eben nicht mehr und nicht weniger als die *Geburtsstunde* einer der größten amerikanischen Leinwand-Ikonen.

Ein weiteres Beispiel für eine Szene, die das Star-Potential eines Schauspielers hat erahnen lassen, ist die Szene aus dem Film *Risky Business* (1983; Lockere Geschäfte; Regie: Paul Brickman), in der der damals 21-jährige Tom Cruise (so viel zum Thema *Vergessen Sie jetzt mal kurz Leute wie Tom Cruise etc.* :-)) zu Bob Segers Song *Old Time Rock and Roll* (1978) eine „unexpected dance scene" hinlegt, und das nur bekleidet mit einer Unterhose, einem Hemd und weißen Socken. Dass diese Tanz- und Playback-Gesangs-Szene irgendwie einen dauerhaften Eindruck in der Populärkultur hinterlassen hat, das beweist auch die Tatsache, dass sogar in der 80er-Jahre Sitcom *ALF* (1986-

1990), nämlich in der 3. Folge der ersten Staffel, die mit *Looking for Lucky* (dt. Titel: Katzenjammer) betitelt ist, die „Alien Life Form" Alf, bekleidet mit einem Hemd, zu demselben Bob Seger-Song Playback singt wie Tom Cruise in *Risky Business*, mit dem Unterschied, dass Alf eine Gurke als Mikrofon-Ersatz verwendet :-).

Was jetzt Tom Hanks anbelangt, so bin ich persönlich der Meinung, dass bereits eine kurze Sequenz aus der Slapstick-Liebeskomödie *Bachelor Party* (Bachelor Party – Die wüste Fete; Regie: Neal Israel) aus 1984, in der Hanks den Schulbusfahrer Rick Gassko spielt, der seine Freundin Debbie Thomson (gespielt von Tawny Kitaen) heiraten will, vorher aber noch mit seinen Freunden einen ausgelassenen Junggesellenabschied feiern möchte, zeigt, dass Hanks einerseits über beträchtliches Leinwand-Charisma und andererseits über außergewöhnliche schauspielerische Fähigkeiten verfügt. Ganz genau meine ich hier jene Szene, in der sich „Rick" Tom Hanks von „Debbie" Tawny Kitaen vor der besagten Party verabschiedet und ihr hinterherblickt. Dieser von schlechtem Gewissen und Schuld dominierte Blick, den Hanks da, hinter dem Steuer seines bereits mit seinen Kumpanen gefüllten Schulbusses, aufsetzt, hat eine derartige Intensität und Tiefe, die fast völlig deplatziert in diesem Film wirkt, der voll von deftigem Holzhammerhumor und zweideutigen Witzen ist, was einen nicht wundern mag, wenn man bedenkt, dass Pat Proft am Drehbuch beteiligt war. Proft hat nämlich mit *Bachelor Party* einen Film im Geiste des legendären ZAZ-Teams geschrieben, gemeint sind damit das Filmemacher-Trio David Zucker, Jim Abrahams und Jerry Zucker, mit denen Proft gemeinsam auch das Drehbuch zu dem von David Zucker inszenierten Komödien-Hit *The Naked Gun: From the Files of Police Squad!* (1988; Die nackte Kanone) mit Leslie Nielsen geschrieben hat, einem der *lustigsten Filme aller Zeiten*. Man muss den nicht gerade subtilen Humor des ZAZ-Teams mögen, aber wenn man sich darauf einlassen kann, dann empfindet man Werke wie *The Kentucky Fried Movie* (1977; Regie: John Landis; Drehbuch: David Zucker, Jim Abrahams, Jerry Zucker) oder *Airplane!* (1980; Die unglaubliche Reise in einem verrückten Flugzeug; Regie: David Zucker, Jim Abrahams, Jerry Zucker) oder *Top Secret!* (1984; Regie: David Zucker, Jim Abrahams, Jerry Zucker) mit Val Kilmer oder *Ruthless People* (1986; Die unglaubliche Entführung der verrückten Mrs. Stone; Regie: David Zucker, Jim Abrahams, Jerry Zucker) mit Danny DeVito und Bette Midler einfach nur als *unglaublich* komisch und immer wieder sehenswert.

Die 80er-Jahre-Brachialkomödie *Bachelor Party*, die voll von wahrlich schrägen Einfällen und Szenen ist, funktioniert aber auch als Zeitdokument, denn sie verstößt so ziemlich gegen alles, was die „political correctness" oder gar die „sexual correctness" heutzutage vorgeben würden (der Gipfel ist natürlich jene Szene, in der der auf die Party mitgebrachte Esel ein paar Linien Kokain schnüffelt und dann stirbt :-)), aber gerade das macht den Film zu einem „heimlichen Klassiker".

Auf jeden Fall ist mir der *grundsätzlich* alberne, infantile und auch irgendwie subversive *Bachelor Party* weit lieber als der zweite Film mit Tom Hanks, der 1984 in die Kinos gekommen ist, nämlich *Splash* (Splash – Eine Jungfrau am Haken) von Regisseur Ron Howard, mit dem Hanks in der Folge bekanntlich noch oft zusammenarbeiten sollte, so geschehen in dem *Houston, we have a problem*-Weltraumfilm-*Apollo 13* (1995) oder in den drei Dan Brown-Verfilmungen *The Da Vinci Code* (2006; The Da Vinci Code - Sakrileg), *Angels & Demons* (2009; Illuminati) und *Inferno* (2016). *Splash*, dieses moderne Märchen, in dem Hanks die Meerjungfrau Daryl Hannah liebt und umgekehrt, empfinde ich, genauso wie im Übrigen die von Kritik und Publikum gleichermaßen geliebte und gefeierte Fantasy-Komödie *Big* (1988; Regie: Penny Marshall), in der Hanks von einem Jahrmarktsautomaten den Wunsch erfüllt bekommt, über Nacht erwachsen zu werden und dann als „Kind im Manne" herumläuft, irgendwie als *Zelluloid gewordene filmische Albträume*, die mich sofort dazu führen, über weitaus bessere Werke zu sprechen, die Hanks in den 80ern gemacht hat.

Und das bringt mich gleich zu meinem Tom Hanks-*Geheimtipp*, nämlich *Volunteers*, im deutschsprachigen Raum eher bekannt als *Alles hört auf mein Kommando*. Diese 1985 erschienene und größtenteils in Mexiko gedrehte *Amerikanischer Upperclass Snob in einem Friedenskorps in Thailand*-Komödie, die von *The Day After* (1983; The Day After – Der Tag danach)- Regisseur Nicholas Meyer inszeniert wurde und in der Hanks zusammen mit seiner späteren und Noch-immer-Ehefrau Rita Wilson sowie wiederum mit seinem Partner aus *Splash*, dem unvergessenen John Candy (1950-1994), spielt, hat irgendetwas faszinierend Düsteres und leicht Abgründiges an sich. Sie macht sich auch glänzend als etwas zynische Parodie, die auf Film-Klassiker wie *The Bridge on the River Kwai* (1957; Die Brücke am Kwai; Regie: David Lean), *Apocalypse Now* (1979; Regie: Francis Ford Coppola), *Indiana Jones and the Temple of Doom* (1984; Indiana Jones und der

Tempel des Todes; Regie: Steven Spielberg) oder *Casablanca* (1942; Regie: Michael Curtiz) anspielt, und ist *eigentlich* voller sexistischer und rassistischer Klischees, die aber tatsächlich durch Hanks „gewinnenden Charme", wie seinerzeit die Londoner Zeitschrift *Time Out* bemerkte, irgendwie entschärft werden. Ganz anders hat das allerdings der prominente US-Filmkritiker Gene Siskel empfunden, der in Zusammenhang mit *Volunteers* in der *Chicago Tribune* vor allem die „*two lame performances by its leading actors*", also Hanks und Candy, geißelte. Wie gesagt, mich persönlich spricht der Film, der seit 2018 *endlich* auch im deutschsprachigen Raum in einer vernünftigen DVD- und Blu-ray Version verfügbar ist, irgendwie an, wahrscheinlich in letzter Konsequenz gerade deshalb, weil ich den zynisch-abgründigen und sogar *leicht unangenehmen* Unterton mag, den Nicholas Meyer, der zum Beispiel auch das Drehbuch zu dem ungewöhnlichen Sherlock Holmes-Film *The Seven-Per-Cent Solution* (1976; Kein Koks für Sherlock Holmes; Regie: Herbert Ross) verfasst hat, da in sein Werk gepackt hat.

Auch die grundsätzlich eher harmlose Steven Spielberg-Produktion *The Money Pit* (1986; Geschenkt ist noch zu teuer; Regie: Richard Benjamin), in der Tom Hanks den

Anwalt Walter Fielding Jr. spielt, der gemeinsam mit seiner Freundin Anna Crowley, gespielt von Shelley Long, ein altes Haus erwirbt, das sich, aufgrund diverser Schäden, als wahrlich unangenehmer „Gegner" erweist, der die beiden fast in den Bankrott und an den Rande des Nervenzusammenbruchs treibt, hat so ihre Momente. So ein Moment ist zum Beispiel die Szene, in der Hanks die Treppen im Innern seines Alptraum-Hauses hinaufläuft und dabei Stufe um Stufe hinter ihm zusammenbricht, sodass er sich am Ende nur mehr irgendwie mühevoll an den Überresten des oberen Stockwerks festhalten kann, zu dem die Treppe geführt hat. Für Leute, die ein Haus bauen und für Leute, die gern renovieren, ist *The Money Pit* eben der ultimative Horror-Film, wobei natürlich der österreichische Film *Hinterholz 8* von Harald Sicheritz aus dem Jahr 1998 da noch weitaus radikaler ist, aber insgesamt auch, wegen des rabiat satirischen Ansatzes, weit weniger unterhaltsam. Ein zusätzlich amüsanter Aspekt von *The Money Pit* ist die Tatsache, dass der spätere *Die Hard* (1988; Stirb langsam; Regie: John McTiernan)-Bösewicht Alexander Godunov darin einen selbstverliebten, egomanischen Dirigenten spielt, der mit seinen Allüren das Orchester ärgert, in dem seine Ex-Frau Shelley Long spielt. Godunovs „Max Beissart" ist

als Figur natürlich ein gelungener Seitenhieb auf den Diri-
genten-Starkult, der speziell in den 80ern fast schon absurde Ausmaße angenommen hat und aus „künstlerisch
Letztverantwortlichen" so etwas wie „Götter mit Takt-
stock" gemacht hat. Insgesamt muss man sagen, dass *The
Money Pit* von der soliden schauspielerischen und vor allem komödiantischen Leistung von Tom Hanks lebt, der in
der an sich ja sehr sympathischen Shelley Long aber leider
keine allzu gut spielende Leinwand-Partnerin hat, denn
Long wirkt irgendwie den ganzen Film über leicht überfor-
dert und unnatürlich, was die Chemie zwischen „Walter
Fielding Jr." und „Anna Crowley" aus meiner Sicht emp-
findlich stört.

Einer meiner *Lieblings-80er-Jahre-Tom Hanks-Filme*
überhaupt ist hingegen *Dragnet* (Regie: Tom Mankiewicz)
aus dem Jahr 1987, der den wahrlich *denkwürdigen* deutschen Verleihtitel *Schlappe Bullen beißen nicht* erhalten
hat. Dan Aykroyd und Hanks spielen darin zwei charakter-
lich sehr unterschiedliche Polizisten aus Los Angeles, wobei der eine, Joe Friday (Aykroyd), zwanghaft überkorrekt
ist und der andere, Pep Streebek (Hanks), unangepasst und
chaotisch. Gemeinsam jedoch, wie das in solchen Filmen,
die mehr oder weniger das „buddy cop film"-Muster ab-

wandeln, der Fall ist, agieren sie dann im Endeffekt miteinander doch sehr effektiv und bringen die PAGAN (*People
Against Goodness And Normalcy*)-Sekte zu Fall, die von
einem mehr als skrupellosen und korrupten Reverend namens Jonathan Whirley (gespielt von Christopher Plum-
mer) angeführt wird. Diese durchaus, vor allem in der englischsprachigen Originalfassung, stellenweise sogar *mes-
serscharfe* Krimi-Parodie bietet nicht nur einen Haufen guter Gags, die Dan Aykroyd als einer von drei am Drehbuch
beteiligten Autoren sogar miterfunden hat, sondern überhaupt eine sehr gut agierende Darstellerriege, wobei auch
hier Aykroyd mit seiner wunderbar trockenen Art, die er
schon in Filmen wie *Ghostbusters* (1984; Ghostbusters –
Die Geisterjäger; Regie: Ivan Reitman) oder *Spies Like Us*
(1985; Spione wie wir; Regie: John Landis) kultiviert
hatte, allen, einschließlich Hanks, die Show stiehlt. Ganz
generell ist diese sehr gelungene „buddy cop film comedy"
mit Slapstick-Touch aber auch ein Werk, das das Sekten-
Unwesen speziell amerikanischer Ausprägung, Heuchelei
in Zusammenhang mit Religion und dem Lukrieren von
Spendengeldern oder korrupte Seilschaften in der Politik
thematisiert.

Die schwarze Komödie *The 'Burbs* (1989; Meine teuf-
lischen Nachbarn), die von *Gremlins* (1984; Gremlins –

Kleine Monster)-Regisseur Joe Dante inszeniert wurde, gehört zu jenen Filmen, von denen man, trotz der *unbestreitbaren* Evidenz, dass sie existieren, immer wieder von Neuem nicht glauben kann, dass sie wirklich jemals im kommerziellen US-Studiosystem produziert worden sind, einfach aus dem Grund, weil man sie irgendwie nur sehr schwer einordnen kann. So ein *Was zum Teufel ist denn bitte das?*-Gefühl befällt mich auch immer wieder dann, wenn ich mir den Roger Spottiswoode-*Wir fliegen Flugzeuge für eine Tarnfirma des CIA in Vietnam*-Film *Air America* (1990) ansehe, der mit Mel Gibson und Robert Downey Jr. zwar attraktiv besetzt ist, einen aber mehr mit einem Gefühl der Ratlosigkeit zurücklässt, weil man nicht weiß, was für eine *Art* von Film dieser seltsam undefinierbare und ganz und gar nicht gelungene Mix aus verschiedenen Genres eigentlich gewesen ist. Verstehen Sie mich bitte nicht falsch, ich habe nicht den Zwang, alles einordnen zu wollen oder alles schubladisieren zu müssen, aber *Air America* oder auch *The `Burbs* sind eben nicht *Belle de Jour* (1967; Belle de Jour - Schöne des Tages; Regie: Luis Bunuel; literarische Vorlage: Joseph Kessel) oder *Otto e mezzo* (1963; Achteinhalb; *stilisiert* auch als: 8 ½; Regie: Federico Fellini) :-).

In *The `Burbs* befinden wir uns in einer Art „Spießbürgervorstadtstraße", in der sich fast alle irgendwie zu langweilen scheinen, allen voran der gerade seinen Urlaub zu Hause absitzende „Ray Peterson" Tom Hanks, der in dieser Straße, die übrigens viel später auch als Kulisse für die berühmte *Wisteria Lane* in der erfolgreichen TV-Serie *Desperate Housewives* (2004-2012) fungierte, gemeinsam mit seiner Frau Carol, die gespielt wird von Carrie Fisher, der Prinzessin Leia aus den *Star Wars*-Filmen, und seinem Sohn Dave (Cory Danziger) lebt. Aus dieser Langeweile heraus entsteht eine Fixierung auf die „seltsamen" und „verdächtigen" neuen Nachbarn, den Klopeks, denen Ray Peterson und seine Kumpanen, die gespielt werden von Bruce Dern und dem 2015 verstorbenen kanadischen Komiker Rick Ducommun, unterstellen, für das plötzliche Verschwinden eines Nachbarn, des Pensionärs Walter Seznick (gespielt von Gale Gordon), verantwortlich zu sein. Aufgrund einiger Indizien morbiderer Natur unterstellt das Trio Hanks, Dern und Ducommun den drei Klopeks in der Folge aber auch, „Ritualmörder" oder „Teufelsanbeter" zu sein. Nachdem sich die ganzen bösen Unterstellungen gegenüber den Klopeks, nach einem riesigen Wirrwarr und dem versehentlichen In-die-Luft-Jagen des Klopek-Hauses, dann als ungerechtfertigt herauszustellen scheinen, wendet sich das Geschehen noch einmal völlig und „Dr. Werner Klopek" Henry Gibson, der *tatsächlich* ein Serienmörder ist, versucht den verletzten Tom Hanks in einem Rettungswagen zu töten, was natürlich misslingt und damit endet, dass man einen Haufen menschlicher Totenköpfe im Kofferraum des Autos des verrückten Arztes findet.

Abgesehen davon, dass man meinen könnte, die Aussage von *The `Burbs* wäre diejenige, dass „Spießbürger" ihre Nachbarn letztendlich *doch* ausspionieren sollen, weil sie eventuell mit ihren Verdächtigungen recht haben könnten :-), muss man sagen, dass Joe Dante in dem Film, der sich nicht entscheiden kann, ob er eine abgründige Komödie, ein Horrorfilm oder eine Parodie auf das Spießbürgertum sein will, eine Atmosphäre geschaffen hat, die mir persönlich fast *zu* schräg ist und die ich beim Betrachten zeitweilig als eher *unangenehm* empfinde, aber nicht als *„positiv unangenehm"*, so wie bei *Volunteers*. Das große Plus von *The `Burbs* bleibt natürlich das tolle Schauspielensemble, das von Hanks angeführt wird, wobei auch die simple Tatsache, dass Carrie Fisher (1956-2016) in dem Film mitspielt, ihren Reiz hat, weil das ein Beweis dafür ist, dass sie, außerhalb ihrer *Star Wars*-Filme und außerhalb von Woody Allens Meisterwerk *Hannah and Her Sisters*

(1986; *Hannah und ihre Schwestern*), auch noch ein *filmisches Leben* hatte.

Wenn „Scott Turner" Tom Hanks in *Turner & Hooch* (Scott und Huutsch; Regie: Roger Spottiswoode) dem Hund Hooch, gespielt sozusagen von „Beasley the Dog" (1978-1992), vor dem finalen Einsatz hinterherblickt und bedeutungsschwer sagt „*What a good dog*", was in der deutschen Synchronisation zu „Was für ein toller Hund" wird, dann ahnt man schon nichts Gutes und weiß irgendwie, dass der traurige Abschied von Hooch bevorstehen könnte. Und tatsächlich haben die insgesamt fünf (!) Drehbuchautoren, die an dem Skript zu diesem an sich recht guten „buddy cop comedy film" aus dem Jahr 1989 beteiligt waren, den Frevel begangen, den Hund am Ende durch eine Kugel sterben zu lassen, was den Zuschauer ehrlich gesagt emotional leicht verstört zurücklässt, und daran kann auch die Tatsache nichts ändern, dass Hooch mit der Hündin der Tierärztin Emily Carson (gespielt von Mare Winningham) offenbar Nachwuchs produziert hat, denn ganz am Ende wird uns sogar noch ein „Hooch Jr." präsentiert, der in der Tat wie sein tierischer Vater aussieht. Dieser unerwartet radikale, für Hollywood-Mainstream-Filme eher unorthodoxe Schluss (schließlich ist *Turner & Hooch* kein *Roman Polanski*-Film, bei denen es ohnehin so gut wie nie ein

Happy End gibt :-)) mit dem Tod des Tieres ist vielleicht deswegen entstanden, weil man sich von dem unmittelbar zuvor erschienenen *K-9* (1989; Mein Partner mit der kalten Schnauze; Regie: Rod Daniel) unterscheiden wollte, in dem James Belushis tierischer Freund und Diensthund „Jerry Lee" im Laufe des Finales ebenfalls angeschossen wird, aber durch eine Not-OP in einem normalen Krankenhaus gerettet. Erwähnen sollte man noch die Tatsachen, dass Hanks in auffällig vielen Szenen des Films mit nacktem Oberkörper herumläuft, so als wolle er zeigen, dass er sich für die Rolle einmal *so richtig* in Form gebracht hat, und dass Pläne für ein Sequel des damals recht erfolgreichen Films nie verwirklicht wurden. Der Grund: Schlicht und einfach Hanks' *rise to success*, der nach 1989 stattfinden sollte. Ach ja – der ursprüngliche Regisseur des Projekts, Henry Winkler, wurde dreizehn Tage nach Drehbeginn wegen der berühmten „creative differences" gefeuert. Sein Statement in der *Howard Stern Show* 2012 bezüglich seiner damaligen Entlassung lautete: „*Let's just say I got along better with Hooch than I did with Turner.*"

Erinnern Sie sich noch?

I walked the avenue, `til my legs felt like stone,
I heard the voices of friends, vanished and gone,
At night I could hear the blood in my veins,
It was just as black and whispering as the rain,
On the streets of Philadelphia.
(Aus dem Song *Streets of Philadelphia* von
Bruce Springsteen)

Eine Zeit lang, so Mitte der 80er bis Mitte der 90er, gab es Filmbranchen-*intern* die Ansicht, dass die mittlerweile legendäre ehemalige Chefin von *Paramount*-Pictures Sherry Lansing, die im Übrigen einen kleinen Auftritt als Schauspielerin an der Seite von John Wayne in dem Howard Hawks-Western *Rio Lobo* (1970) hat und privat mit dem *The Exorcist* (1973; Der Exorzist)-Regisseur William Friedkin verheiratet ist, *Michael Douglas* immer mit den besten Drehbüchern versorge: „*Sherry Lansing always sends best scripts to him.*"

Irgendwann ab Mitte der 90er bis Mitte der 2000er dann schien es aber definitiv so zu sein, dass *Tom Hanks* von irgendjemanden mit den besten Drehbüchern in Hollywood versorgt wurde.

Dabei hatten die 90er mit einer filmischen Enttäuschung für Hanks begonnen, nämlich mit der gefloppten Literatur-Verfilmung *The Bonfire of the Vanities* (1990; Fegefeuer der Eitelkeiten; Regie: Brian De Palma), die auf dem gleichnamigen 1987 erschienenen *Jahrhundert*-Roman von Tom Wolfe (1930-2018) basierte. Wer Tom Wolfes großartiges New York-Buch auch nur in Ausschnitten kennt, weiß, dass das Vorhaben, diesem vielschichtigen Werk, das gleichzeitig auch ein aufregendes Sittenbild des 80er-Jahre-Amerikas ist, filmisch *halbwegs* gerecht zu werden, nur ein heikles sein konnte. Fast hätte das Endergebnis dem Regisseur De Palma die Karriere gekostet, künstlerisch erholt hat sich die Regie-Legende von seinem *The Bonfire of the Vanities*-Debakel meines Erachtens ohnehin nie mehr, kommerziell allerdings natürlich mit dem Tom Cruise-Vehikel *Mission: Impossible* (1996). Dabei ist De Palmas Literaturverfilmung gar nicht mal so schlecht, abgesehen davon, dass sie dem Buch natürlich nicht gerecht wird und auch nicht gerecht werden *kann*, aber ich persönlich sehe sie mir alle paar Jahre immer wieder gerne an und finde, dass alle beteiligten Schauspieler, allen voran Tom Hanks als Hauptfigur und Wall Street-Börsenmakler „Sherman McCoy" sowie aber auch Bruce Willis und Melanie Griffith, ihre Sache *eigentlich* sehr passabel machen. Toll sind auch jene Szenen, in denen sich Sherman McCoy und die ganzen, wie sie im Film genannt werden, (Wall Street-)*Masters of the Universe* um ihren obersten Chef versammeln, der allerdings nur als Stimme über ein in der Mitte des Raumes platziertes Mikrofon anwesend ist – das *ultimative* Hochamt :-).

Beinahe wirkt Jonathan Demmes legendäres Aids-Drama *Philadelphia* (1993), zu dem Bruce Springsteen mit dem von mir oben in Ausschnitten zitierten *Streets of Philadelphia* einen der schönsten Songs seiner gesamten Karriere beigesteuert hat, für den er im Übrigen auch den Oscar *und* den Golden Globe erhalten hat, so wie Hanks für seine Darstellung des homosexuellen und Aids-kranken Anwalts Andrew Beckett eben auch, heutzutage etwas bieder, fast vorsichtig, ja konservativ, vor allem etwa im Vergleich zu einem Werk wie dem zwanzig Jahre später entstandenen *Dallas Buyers Club* (2013; Regie: Jean-Marc Vallee), für den Matthew McConaughey den Hauptrollen-

265

und Jared Leto den Nebenrollen-Oscar erhalten haben. Bei der letzten Ansicht dieses unterm Strich extrem erfolgreichen Films, der *Philadelphia* seinerzeit schließlich werden sollte, war ich sogar der Meinung, dass Bruce Springsteens Song *womöglich* das Beste daran sei :-). Aber man darf nicht ungerecht sein: Demmes Werk war der erste Hollywood-Mainstream-Film, die erste Großproduktion, die sich mit den Themen Aids, Homosexualität und Homophobie auseinandersetzte und ein diesbezüglich *klares* Statement abgab. Insofern ist der Film ein Meilenstein und der erste von einer sehr breiten Öffentlichkeit wahrgenommene Beitrag zu einem extrem wichtigen Diskurs, den eigentlich der frühe Aids-Tod des legendären *Queen*-Frontmanns Freddie Mercury (1946-1991) eingeleitet hat. *Philadelphia* war insofern, wie der US-Kritiker Roger Ebert in der *Chicago Sun-Times* bemerkte, so etwas wie ein *„ground-breaker"*, bei dem Vergleiche mit *Guess Who's Coming to Dinner?* (1967; Rat mal, wer zum Essen kommt?; Regie: Stanley Kramer) naheliegen, dem ersten Film, der sich mit dem Thema Mischehe auseinandergesetzt hat und in dem Katharine Hepburn und Spencer Tracy von ihrer Tochter Joanna (Katharine Houghton) den damals noch jungen Sidney Poitier als zukünftigen Schwiegersohn vorgesetzt bekommen. Apropos Spencer Tracy: Dieser hält jenen Rekord, den Tom Hanks mit seinen zwei *Hintereinander-Hauptrollen-Oscars*, für *Philadelphia* und für *Forrest Gump* (1994; Regie: Robert Zemeckis), egalisiert hat, denn Tracy war, mit Victor Flemings *Captains Courageous* (1937; Manuel; literarische Vorlage: Rudyard Kipling) und Norman Taurogs *Boys Town* (1938; Teufelskerle), als Erstem das Kunststück gelungen, zwei Jahre hintereinander die wichtigste Auszeichnung für Schauspieler überhaupt zu gewinnen.

Auch wenn Jonathan Demmes erste Regie-Arbeit nach seinem Multi-Oscar Gewinner *The Silence of the Lambs* (1991; Das Schweigen der Lämmer) vielleicht ein wenig gealtert ist, so bleiben doch einige *unvergessliche* Szenen über. Richtig *klasse* und ganz hohe Schauspielkunst ist zum Beispiel der *verzweifelte*, *traurige* Blick, den „Andrew Beckett" Tom Hanks aufsetzt, nachdem er sich im Büro des Anwalts Joe Miller (gespielt von Denzel Washington) zunächst eine Abfuhr geholt hat, nämlich mit seinem Ansinnen, die Kanzlei zu verklagen, die ihn eindeutig *nur* wegen seiner Aids-Erkrankung gefeuert hat. Diese vergleichsweise relativ kurze Szene stellt für mich einen *der* schauspielerischen Höhepunkte der gesamten 90er dar und sie hat den Filmstar Tom Hanks, der er ja auch vor *Philadelphia* schon war, zu einer raren Gattung gemacht, nämlich zu einem Filmstar *und* anerkannten Charakterschauspieler, etwas, was in dieser speziellen Form außer Hanks nur noch Jack Nicholson verkörpert. Denkwürdig bleibt aber auch jene Szene im letzten Drittel des Films, in der Hanks einen Monolog, man könnte auch sagen: eine Art „Todes-Meditation" spricht, nämlich zu den Klängen von *La mamma morta*, einer Arie aus der Oper *Andrea Chenier* (1896) von Umberto Giordano. Der entscheidende Punkt für *mich* persönlich bei der Sache ist aber, dass die Arie von der phantastischen Maria Callas gesungen wird, von der ich seit Pier Paolo Pasolinis *Medea* (1969), wo sie in ihrer einzigen Filmrolle zu sehen ist, eine Art kleiner Fan bin, ohne jedoch *wirklich* ihre Musik zu hören, denn mit klassischer Musik, ich gebe es offen zu, können Sie mich in der Regel am allersichersten verjagen :-).

DOTTIE HINSON (Geena Davis)

Es ist alles so hart geworden.

JIMMY DUGAN (Tom Hanks)

Ja, so muss es auch sein!

Wenn es nicht so wäre, könnte es ja jeder.

Die Härte ist es, die es großartig macht.

Mein persönliches *90er-Jahre-Highlight* unter den Filmen mit Tom Hanks ist definitiv Penny Marshalls Frauen-Baseball-Film und „sports comedy drama" *A League of Their Own* (Eine Klasse für sich) aus 1992, aus dem die oben zitierten *großartigen* Worte stammen, die von „Jimmy Dugan" Tom Hanks gesprochen werden, der den desillusionierten und alkoholkranken sowie zunächst nur widerwillig agierenden Trainer der Frauen-Baseballmannschaft „Rockford Peaches" spielt, die Teil der *All-American Girls Professional Baseball League* (AAGPBL) sind, die tatsächlich von 1943 bis 1954 existiert hat. Der Film ist in der Tat ein berührendes Meisterstück, in dem alle Beteiligten Großartiges leisten, egal ob Hanks, Geena Davis, Rosie O'Donnell, David Strathairn, Jon Lovitz oder Bill Pullman. Sogar Madonna, die den wunderschönen Song

This Used to Be My Playground, der im Abspann zu hören ist, beigesteuert hat, ist als Schauspielerin in dem Film *erträglich*, und schon deshalb hätte Penny Marshalls Werk einen Sonderpreis verdient :-). Aber zurück zu den Worten von Jimmy Dugan, diesem durch eine Knieverletzung gehbehinderten Trainer mit der *Wie konnte ich nur so schnell so nutzlos werden*-Einstellung, der aber am Ende Gefallen daran findet, die „Rockford Peaches" zu trainieren: Sie geben quasi die Quintessenz dessen wieder, was der Lohn für außergewöhnliche Leistungen, sei es im Sport oder sonst wo, ist, nämlich die Tatsache, dass man sich dadurch von der Masse abhebt, unterscheidet. Also: Jeder, der irgendwo in einem „harten Business" wie Sport, Kunst, Politik etc. erfolgreich ist, oder es zu sein glaubt, kann sich jetzt auf die Schulter klopfen und so etwas denken wie: *Wenn es nicht hart wäre, könnte es ja jeder. Die Härte ist es, die es großartig macht.* :-)

Kein Wunder, dass der *alte* James Ryan (Harrison Young) zu Beginn des Steven Spielberg-Weltkrieg II-Films *Saving Private Ryan* (1998; Der Soldat James Ryan) auf dem Soldatenfriedhof niederbricht und ohnehin irgendwie aussieht, als ob er ein Leben lang Probleme gehabt hätte, denn die Worte, die der sterbende „Captain John H. Miller"

Tom Hanks zu Matt Damon sagt, der den *jungen* Private Ryan spielt, müssen schwer gewogen haben:

James. Erweisen Sie sich würdig.
Beweisen Sie, dass Sie es wert waren.

Angesichts *dieses* „Rucksacks", den dieser James Ryan mit zurück ins normale Nach-Weltkriegs-Leben genommen hat, der gefüllt ist mit dem Wissen, dass da eine Handvoll US-Soldaten, angeführt von Captain Miller, ihr Leben in der finalen Schlacht des Films verloren haben, und das mehr oder weniger auch wegen *seiner* Weigerung mit ihnen *sofort* mitzukommen und in der Folge frühzeitig nach Hause in die Staaten zurückzukehren, könnte man sagen, dass „Private James Ryan" wahrlich *eines der ärmsten Schweine der Filmgeschichte* ist. Ich habe die Botschaft, die Spielberg da am Ende irgendwie reingepackt hat, immer als *leicht kriminell* empfunden :-), auch wenn ich mir natürlich bewusst bin, dass es auch *Überlebende eines Alptraums* nachher schwer haben können. Abgesehen davon, und abgesehen von der teilweise grauenhaft dahindudelnden Filmmusik von Filmmusik-Legende John Williams (z. B.: 1975: *Jaws*/Der weiße Hai; *Star Wars*-Reihe; *Indiana*

Jones-Reihe), ist der fünffach Oscar-prämierte *Saving Private Ryan* ein sehenswerter Film, wenn auch nicht ganz auf der Stufe von Terrence Malicks wahrlich radikalem Regie-Comeback und Weltkrieg II-Film *The Thin Red Line* (Der schmale Grat), der ebenfalls 1998 in die Kinos gekommen ist. Am allersehenswertesten in *Saving Private Ryan* ist aber natürlich die legendäre *Omaha Beach*-Szene zu Beginn, die man vom gesamten Film auch abkoppeln kann und die das grausame Kriegshandwerk eindrucksvoll darstellt. Spielberg lässt da auf spektakuläre Weise seine „cineastischen Muskeln" spielen und zeigt sozusagen, was er kann. Fast könnte man meinen, er hätte mit der *Omaha Beach*-Szene noch einmal seinen Abschluss an der Filmhochschule nachholen wollen, was er, glaube ich, *tatsächlich* erst ein paar Jahre vorher, nach *Jurassic Park* (1993) und *Schindler's List* (1993; Schindlers Liste), gemacht hat, ganz einfach aus dem Grund, weil er in jungen Jahren zu vielen „außerschulischen Tätigkeiten" nachgegangen war, soll heißen: einfach *zu* schnell *zu* erfolgreich war :-). Übrigens: Einer der, wie es im Abspann heißt, *Soldiers on the Beach* ist der spätere „Jim Moriarty" Andrew Scott aus der mittlerweile längst in die TV-Geschichte eingegangenen BBC-Serie *Sherlock* (2010-Gegenwart). Wenn Sie in der

Omaha Beach-Szene genau drauf achten, können Sie ihn entdecken.

Mir persönlich gilt der *Super-Sonder*-Verdienst, *Saving Private Ryan* einst als *Date*-Movie ausgewählt zu haben, was mir meine spätere Frau, obwohl der Film zweifellos wohl *der mieseste Date-Movie aller Zeiten* ist :-), Gott sei Dank nicht wirklich übelgenommen hat. Ein paar Jahre vorher, 1993, hätten wir uns gemeinsam noch einen der *besten Date-Movies aller Zeiten* im Kino ansehen können, nämlich Nora Ephrons romantische Komödie *Sleepless in Seattle* (Schlaflos in Seattle), die ohne Zweifel ebenfalls ein Höhepunkt in Hanks Filmografie ist, sowie natürlich auch in der von Meg Ryan. *You've Got Mail* (1998; e-m@il für Dich; Regie: Nora Ephron), die dritte und letzte Zusammenarbeit zwischen Hanks und Ryan, die heute fast vergessene absurde Komödie *Joe Versus the Volcano* (Joe gegen den Vulkan; Regie: John Patrick Shanley) aus dem Jahr 1990 war die erste, fällt aber im Vergleich zu *Sleepless in Seattle* schauspielerisch und inszenatorisch deutlich ab und entwickelt in keiner Sekunde den Charme, der Ephrons 93er-Meisterwerk immer noch auszeichnet.

Die für ihn extrem erfolgreichen 90er-Jahre ausklingen lassen (wer sich jetzt fragt, *wo bitteschön* eine Besprechung von *Forrest Gump* bleibt, den muss ich auf den Teil 3 meines Artikels verweisen, da es sich, da *Cast Away*-Regisseur Robert Zemeckis eben auch *Forrest Gump* inszeniert hat, anbietet *dort* diesen zentralen Hanks-Film zu besprechen) hat Tom Hanks mit seiner Hauptrolle des Todestrakt-Leiters Paul Edgecomb in der Stephen King-Verfilmung *The Green Mile* (1999; Regie: Frank Darabont), die eben auf Kings sechsteiligen gleichnamigen Fortsetzungsroman beruht, der 1999 erstmals als ein vollständiges Werk veröffentlicht wurde. *The Green Mile*, dieses über dreistündige *Filmmonster*, das aber vom Einspielergebnis her überaus erfolgreich war, ist vor allem eines: Eine *einzige Überforderung*, ein einziges *Zu-viel* an so ziemlich allem. Der Film ist *zu* lang, die Guten darin sind *zu* gut, die Bösen *zu* böse, die Melodramatik sowie das religiöse Pathos stellenweise *zu* extrem und bis an die Grenze zur *Unerträglichkeit* ausgereizt.

Stephen King-Verfilmungen sind natürlich ohnehin so eine Sache, *wirklich* gelungen ist, außer vielleicht, und selbst das sieht der Autor King ganz anders :-), Stanley Kubricks *The Shining* (1980; Shining), so gut wie keine davon. Und das gilt aus meiner Sicht im Übrigen *auch* für

Frank Darabonts hochgelobten und sich auf vielen *All-Time*-Bestenlisten wiederfindenden Gefängnis-Film *The Shawshank Redemption* (1994; Die Verurteilten), der auf Kings Novelle *Rita Hayworth and Shawshank Redemption* (1982) beruht. *The Shawshank Redemption* gehört für mich eher zu der Kategorie *gnadenlos überschätze Filme*, worin sich zum Beispiel auch Werke wie der gefeierte aber in Wahrheit *grauenhafte* und langweilige *Black Swan* (2010; Regie: Darren Aronofsky) befinden. *Eigentlich*, und das mag vielleicht ein bisschen ein Sakrileg sein :-), halte ich auch den ewigen *best film of all time*, nämlich Orson Welles' *Citizen Kane* (1941), für ein ein klein wenig, aber wirklich nur ein *klein* wenig :-), überschätztes Werk, wobei man sich mit dieser Ansicht wirklich auf *ganz ganz dünnes Cineasten-Eis* begibt.

Aber zurück zu *The Green Mile*. Der für mich einzige Aspekt, der einen, jenseits des Faktums, dass David Tattersalls Kameraarbeit wirklich hervorragend ist, mit dem Film ein wenig versöhnt, ist die Tatsache, dass die von dem *super*-sadistischen Gefängniswerter Percy Wetmore (gespielt von Doug Hutchison) totgetrampelte Maus „Mister Jingles" von dem Häftling John Coffey (gespielt von Michael Clarke Duncan) mit seiner übernatürlichen Gabe wieder zum Leben erweckt wird und gemeinsam mit „Paul Edgecomb" Tom Hanks uralt wird :-).

Mein Gott, ist Tom Hanks alt geworden!

Genau diese Worte gingen mir bei der Ansicht der dritten Dan Brown-Verfilmung, die Regisseur Ron Howard und sein Hauptdarsteller Tom Hanks miteinander realisiert haben, nämlich *Inferno* (2016), durch den Kopf. Diese dritte filmische Schnitzeljagd, die den Universitätsprofessor und „Katholikenschreck" Robert Langdon auf eine sehr actionreiche Reise schickt, weit actionreicher als in den beiden Vorgängerwerken, ist tatsächlich lediglich so ein *Mein Gott, ist Tom Hanks alt geworden*-Film, so wie zum Beispiel der 2017 erschienene *The Foreigner* von Martin Campbell mit Jackie Chan und Pierce Brosnan ein *Mein Gott, sind Jackie Chan und Pierce Brosnan alt geworden*-Film ist. Viel mehr, außer dass der Film teilweise so rasant (und nervig) geschnitten ist wie der James Bond-Film *Quantum of Solace* (2008; Ein Quantum Trost; Regie: Marc Forster) und *Inferno* ein weiterer „großer amerikanischer Film über das *Herumlaufen*" ist, genauso wie, was ich bereits in meinem Artikel über Tom Cruise einmal ausgeführt habe, etwa *Jack Reacher: Never Go Back* (2016; Jack Reacher: Kein Weg zurück; Regie: Edward Zwick), fällt einem dazu nicht ein. Ein ständiges In-der-Gegend-Herumlaufen macht eben noch lange keinen dynamischen Film!

Im Zusammenhang mit den drei Dan Brown-Verfilmungen, *The Da Vinci Code* (2006; The Da Vinci Code - Sakrileg), *Angels & Demons* (2009; Illuminati) und *Inferno*, wird aber auch eine Antwort auf folgende Frage gegeben: *Welchem Schauspieler nehmen Sie glaubhaft ab, einen Universitätsprofessor zu spielen*?

Nun, Hanks gehört zweifellos zu der Gattung von Schauspielern, der man das *eindeutig* abnimmt. Bei ihm kann man sich *eventuell* vorstellen, dass er sich irgendwann auch hinsetzt und ein Buch über Symbole schreibt. Er ist allerdings überraschenderweise *nicht* besser oder glaubwürdiger als Harrison Ford in den *Indiana Jones*-Filmen, denn Ford ist und bleibt einfach der *beste* (und *sympathischste*) *Universitätsprofessor der Filmgeschichte*.

Abgesehen davon, dass man sich vorstellen kann, dass Hanks einen Professor spielt, ist die Rolle des Robert Langdon, der schon in den literarischen Vorlagen keine *wirklich* greifbare oder stark ausgearbeitete Figur ist, vielmehr lediglich ein Name, der durch ein aufregendes Szenario geschickt wird, aber für Hanks eine *reine Unterforderung*.

Fast könnte man behaupten, dass Tom Hanks in jeder Komödie in den 80ern, einschließlich der *Bachelor Party*, schauspielerisch mehr zeigen konnte.

Wenn man die drei Robert Langdon-Filme miteinander vergleicht, dann stellt sich sogar heraus, dass der zweite Film, *Angels & Demons*, fast der beste und dynamischste der ganzen Reihe ist, auf jeden Fall verfügt er aber über eine der *abgefahrensten* Szenen der Filmgeschichte, und das ist kein leichtsinnig gewählter Superlativ, denn die Szene, in der der Camerlengo Patrick McKenna (gespielt von Ewan McGregor) sich die mit Antimaterie ausgestattete Bombe schnappt, mit ihr abhaut, in einen Hubschrauber springt und diesen dann *selbst* weit hinauf in den Himmel fliegt und, bevor die Bombe über dem Petersplatz und über Rom explodiert, mit einem Fallschirm rechtzeitig abspringt, lässt einen immer wieder *baff* und *staunend* zurück, aber auch mit dem Gefühl, hier womöglich doch vielleicht Zeuge des *ultimativen Schwachsinns* geworden zu sein :-).

Mit dem Thriller *Sakrileg* (2003; Originaltitel eben: *The Da Vinci Code*), den ich um den Jahreswechsel 2005/2006 herum gelesen habe, verbindet mich eine ganz besondere Beziehung, denn das Dan Brown-Buch, das sicherlich *eines der am aufregendsten konzipierten Bücher aller Zeiten* ist, gehört zu meinen spannendsten und schönsten Lektüreerfahrungen überhaupt. Nach *Sakrileg* haben mich in den letzten zwölf Jahren literarisch eigentlich nur mehr die Memoiren von Anthony Kiedis, dem Sänger der Band *Red Hot Chili Peppers*, betitelt mit *Scar Tissue* (2004), beeindruckt, aber das natürlich vor allem auch, weil ich die Musik der *Red Hot Chili Peppers* uneingeschränkt gut finde. Der von diversen katholischen Kreisen angeheizte heftige Diskurs um *Sakrileg*, der sich im Prinzip um die zentrale im Buch vertretene These gedreht hat, nämlich, dass Jesus mit Maria Magdalena verheiratet war, hat mich nie wirklich interessiert, sehr wohl aber, wie Ron Howard es anstellen würde, das Ganze zu verfilmen. Und ich muss sagen: Wenn Tom Hanks am Ende von *The Da Vinci Code* in Paris letztendlich bei der Glas-Pyramide und somit am Grabe von Maria Magdalena niederkniet, dann kommt mir heute noch, immer wenn ich mir den Film ansehe, die Gänsehaut.

III

CHUCK NOLAND

WAS HERE

1500 DAYS

ESCAPED TO SEA

TELL KELLY FREARS

MEMPHIS TN.

I LOVE HER

(*Inschrift*, die Tom Hanks in *Cast Away* auf der Insel
hinterlässt, bevor er sich mit seinem Floß davonmacht)

Ich weiß nicht, wie es Ihnen geht, aber wenn ich in einem Film einen halbnackten Mann mit langen Haaren und einem langen Bart irgendwo in der Einöde herumlaufen sehe, dann gibt es bei mir sofort *Monty Python*-Alarm und deren *Flying Circus* scheint nicht weit zu sein. Auf jeden Fall wittere ich die „Gefahr" von Komik und, im *Nicht-Monty Python*-Fall, die Gefahr von *unfreiwilliger* Komik.

Zu Robert Zemeckis' Robinsonade *Cast Away* aus dem Jahr 2000 (Cast Away – Verschollen) habe ich persönlich immer ein schwieriges Verhältnis gehabt, soll heißen: Der

Film hat mir nie, weder seinerzeit, bei der ersten Betrachtung im Kino, noch heute *uneingeschränkt* gefallen. Ich empfinde den Film, den man auch als *Robinson Crusoe-Film ohne Freitag, dafür aber mit einem Volleyball namens Wilson* bezeichnen könnte, irgendwie als eine *harte* (Kokos-)*Nuss*, mit einer Hauptfigur, Chuck Noland, die man nicht uneingeschränkt mag. Aber dazu später mehr.

Grundsätzlich standen die 2000er-Jahre für Hanks zunächst einmal im Zeichen einer Fortsetzung der Zusammenarbeit zwischen ihm und Steven Spielberg, in dessen filmisches Universum der Schauspieler weit besser passt als zum Beispiel ein Tom Cruise, mit dem Spielberg bekanntlich ja die eher prätentiös daherkommenden Science Fiction-Filme *Minority Report* (2002) und *War of the Worlds* (2005; Krieg der Welten) gedreht hat.

So wird zum Beispiel Spielbergs „biographical crime film" *Catch Me If You Can* (2002) meines Erachtens nur von Tom Hanks gerettet, der mit seinem Charisma und mit seinem hohen Sympathiefaktor diese leicht nervige bonbonfarbene Gaunerkomödie irgendwie aus dem Mittelmaß heraushebt. Wobei aber natürlich die berühmte Szene, in der der FBI-Ermittler „Paul Hanratty" Tom Hanks den Hochstapler „Frank Abagnale Jr." Leonardo DiCaprio in einem französischen Dorf verhaftet, ein echtes Highlight ist, in dem beide Hauptdarsteller zeigen, dass sie zu den ganz großen ihrer Zunft gehören.

Als einen *Tiefpunkt* der Zusammenarbeit zwischen Spielberg und Hanks, die außerdem noch die Filme *Bridge of Spies* (2015; Bridge of Spies – Der Unterhändler) und *The Post* (2017; Die Verlegerin) umfasst, kann man aber getrost die Komödie *The Terminal* (2004; Terminal) bezeichnen, die man auch irgendwie als misslungenen Versuch Spielbergs anführen könnte, Tom Hanks wieder als *Komiker* einzusetzen oder zumindest wieder dessen komödiantische Fähigkeiten verstärkt in einem Film zu nutzen. Natürlich hat Spielberg versucht in *The Terminal* eines seiner Hauptthemen, nämlich das der Heimatlosigkeit und der Verlorenheit in einer fremden Welt, etwas lockerer und luftiger abzuhandeln als etwa in anderen Werken, die er nach *Schindler's List* (1993; Schindlers Liste) gedreht hat, aber sowohl Tom Hanks, der den „Krakosier" (ein fiktives osteuropäisches Land) Viktor Navorski, der auf dem New Yorker Flughafen JFK mit ungültigem Pass hängenbleibt, als auch Catherine Zeta-Jones, die die Flugbegleiterin Amelia Warren spielt, die sich Navorski annimmt, wirken in dieser schwierigen Mixtur aus Komik und Pathos, die *The Terminal* nun einmal ist, leicht verloren.

Von einem ganz großen Meisterwerk im Stile des „Paten" ist auszugehen.

Das war zumindest die Erwartung, die die Zeitschrift *Cinema* seinerzeit, bevor dort in der Redaktion irgendjemand das Endergebnis gesehen hatte, in den Sam Mendes-„crime film" *Road to Perdition* (2002) steckte. Sind Meisterwerke und *Jahrhundertfilme* wie Francis Ford Coppolas *The Godfather* (1972; Der Pate) ohnehin von Natur aus schon dünn gesät, so muss man sagen, dass *Road to Perdition* so überhaupt gar nichts von der Eleganz und Größe von Coppolas Mafiafilm hat. Im Gegenteil, *Road to Perdition*, dieser *Vater und Sohn auf der Flucht vor dem ehemaligen mafiosen Arbeitgeber des Vaters*-Film, ist de facto eher ein *erstaunlich* brutaler Gangsterfilm geworden, dessen *eigentümliche Brutalität* im Zuschauer zwiespältige Gefühle hinterlässt. Glauben Sie mir, ich bin der *Allerletzte*, der ein *grundsätzliches* Problem mit Gewaltdarstellungen in Filmen hat, aber die Gewalt von *Road to Perdition*, dieses mit Tom Hanks, Paul Newman und Jude Law exzellent besetzten Films, hat mich schon 2002 im Kino seltsam *unangenehm berührt*. Ein ungewöhnliches Phänomen, über dessen Ursprung ich mir bis heute ehrlich gesagt nicht ganz im Klaren bin :-).

Kenner des Films *Road to Perdition* werden jetzt sagen: *Da war doch aber auch noch Daniel Craig drinnen!* Genau: Das einzig Lustige an Sam Mendes' erstem Film *nach* seinem Oscar-prämierten Meisterwerk *American Beauty* (1999), dem letzten großen Film der 90er-Jahre, ist die Tatsache, dass der spätere James Bond-Darsteller Daniel Craig darin die Rolle des psychopathischen Sohnes des Gangsterbosses John Rooney (Paul Newman), Connor Rooney, spielt. Mendes und Craig sollten ja in der Folge bei gleich zwei *supererfolgreichen* Bond-Filmen zusammenarbeiten, nämlich bei *Skyfall* (2012) und *Spectre* (2015).

Apropos *Jahrhundertfilme* wie *The Godfather*.

Cast Away-Regisseur Robert Zemeckis hat auch *Forrest Gump* (1994) inszeniert, der in der Tat auch so ein *Jahrhundertfilm* ist und völlig zurecht vom *American Film Institute* (AFI) auf die Liste der *100 Greatest American Movies of all Time* gesetzt wurde, und zwar auf Platz 71, eingeklemmt zwischen William Friedkins *The French Connection* (1971; French Connection – Brennpunkt Brooklyn) und William Wylers *Ben Hur* (1959).

Zemeckis, der in gewisser Weise ein Ziehsohn Steven Spielbergs ist, ebenfalls zur *absoluten* kommerziellen

Speerspitze des US-Kinos gehört und Klassiker wie den Michael Douglas- und Kathleen Turner-Film *Romancing the Stone* (1984; Auf der Jagd nach dem grünen Diamanten) oder wie die *Back to the Future*-Trilogie (*Zurück in die Zukunft*-Trilogie; 1985; 1989; 1990) mit Michael J. Fox oder auch allein schon filmtechnisch Innovatives wie die *Ein animierter Riesen-Cartoon-Hase löst gemeinsam mit Bob Hoskins einen Kriminalfall*-Fantasy-Komödie *Who Framed Roger Rabbit?* (1988; Falsches Spiel mit Roger Rabbit) inszeniert hat, schickt in *Forrest Gump*, diesem Film gewordenen Schelmenroman, einen großartig aufspielenden Tom Hanks durch die Welt- und US-Geschichte. Die Tatsache, dass Forrest Gump als Figur eben eine Art „Idiot" ist oder eben „nicht die hellste Kerze auf der Torte", nutzt der Film zu einer Reihe wirklich wunderbarer Gags, wie zum Beispiel dem folgenden, der aus einer der großartigen Vietnam-Szenen von *Forrest Gump* stammt:

FORREST GUMP

(als Stimme aus dem *Off*, während er gerade irgendwo
in Vietnam herummarschiert)

*Ich habe sehr viel von der Gegend da zu sehen
gekriegt.*

*Wir haben immer ganz ganz lange Wanderungen
gemacht.*

*Und wir waren dauernd auf der Suche nach einem
gewissen Charlie.*

[Anmerkung: „Charlie" war der Spitzname des US-
Militärs für den *Viet Cong*]

Nicht nur das Publikum auf der ganzen Welt liebte
Tom Hanks als *Forrest Gump*, sondern auch die *Oscar*-
Academy, und man könnte sagen, in Abwandlung eines
Satzes aus dem Film, den ein Army-Ausbilder Forrest
Gump entgegenbrüllt, nämlich „*Gottverdammt, Gump! Sie
sind ein verfluchtes Genie!*", die Academy wäre der Meinung gewesen: „*Gottverdammt, Hanks! Sie sind ein verfluchtes Genie!*". Eine Meinung, die dem Schauspieler bekanntlich den zweiten Hauptrollen-Oscar *hintereinander*
einbrachte.

Im Übrigen hat Robert Zemeckis die über acht Monate andauernde Drehpause, die nötig war, damit Tom Hanks für *Cast Away* wohl *eine der eindrucksvollsten Diäten der Filmgeschichte* hinlegen konnte (mithalten mit Hanks' Diät-Leistung können da nur Matthew McConaughey in Jean-Marc Vallees *Dallas Buyers Club* aus 2013 und Christian Bale in Brad Andersons *The Machinist*/dt.: Der Maschinist aus 2004), dafür genutzt, einen weit besseren Film als *Cast Away* zu drehen, nämlich das Spannungs-Meisterwerk *What Lies Beneath* (2000; Schatten der Wahr-heit) mit Harrison Ford und Michelle Pfeiffer. *What Lies Beneath*, dieser Psycho-Horrorthriller, zählt aus meiner Sicht zu den *spannendsten Filmen aller Zeiten* und ist ein dunkles Film-Juwel, das selbst den guten alten Alfred Hit-chcock, und das ist nicht bloß eine Floskel, erfreut hätte. Harrison Ford als Wissenschaftler Dr. Norman Spencer, der ein grausiges Geheimnis mit sich herumträgt, ist darin echt gruslig und auch Michelle Pfeiffer als seine Ehefrau Claire, die ihm auf die Spur kommt, liefert eine der besten Leistungen ihrer Karriere ab.

Ein grundsätzliches Problem bei *Cast Away* sind die ersten zwanzig Film-Minuten, in der uns schlicht und ein-

fach eine *überraschend unsympathische* Hauptfigur präsentiert wird. Hanks legt Chuck Noland, den leitenden An-
gestellten des US-Logistikunternehmens *FedEx*, fast als
Parodie auf einen „lästigen Amerikaner" an, auf jeden Fall
aber spielt er einen „Alleswisser", jenen von der Sorte
nämlich, die in der Arbeit der Belegschaft und zu Hause
ihren Frauen auf die Nerven gehen. Erwähnen muss man
in diesem Zusammenhang aber auch die völlig danebenge-
gangene deutsche Synchronisation des Films, die einem
vor allem in diesen besagten ersten zwanzig Filmminuten
aufstößt. Ich weiß, der wunderbare Arne Elsholtz (1944-
2016) war die Standardsynchronstimme von Tom Hanks
und einer der bekanntesten und profiliertesten Synchron-
sprecher überhaupt, aber seine Stimme ist irgendwie eine
„lustige Stimme", die man nicht immer ganz ernst nimmt.
Sie läuft deshalb Gefahr, aus jeder Synchronisation eine
„Comedy-Synchro" zu machen, ein Phänomen, das mir
schon in Zusammenhang mit Spielbergs *Saving Private
Ryan* (1998) aufgefallen war, was aber auch im Fall von
Cast Away nicht ganz angebracht ist. Andererseits wird
Arne Elsholtz' Stimme eben extrem stark mit Tom Hanks
assoziiert, so wie das vielleicht nur noch die Stimme von
Wolfgang Hess (1937-2016) mit Bud Spencer wird. Pro-
bieren Sie doch mal Folgendes: Schließen Sie, wenn das

Mammut „Manfred/Manny" in dem süßen Animationsfilm *Ice Age* (2002; Regie: Chris Wedge & Carlos Saldanha) spricht, doch mal die Augen und Sie werden glauben, dass Tom Hanks spricht :-).

Wie auch immer: Nach einer langen Flugzeug-Absturzszene und Hanks' Ankunft auf der Insel tritt sozusagen Ruhe ein. Und diese *Ruhe*, diese *Stille*, ist es auch, die den ganzen Film *befreit* und ihn dann doch sehenswert macht. Nacheinander wird dann alles durchexerziert, was eine Robinsonade ausmacht: Die Suche nach Essen, das damit einhergehende schwierige Aufknacken von Kokosnüssen, der Umgang mit Verletzungen oder Schmerzen (die „Zahnoperations-Szene" mit dem Schlittschuh aus dem angeschwemmten FedEx-Paket ist legendär!), das Feuermachen, die Versuche von der Insel wegzukommen.

Da man aber in einer Filmproduktion, wenn sie denn erfolgreich sein soll :-), die Hauptfigur aber nicht zwei Stunden lang nichts reden lassen kann, hat man natürlich irgendein *Gegenüber* schaffen müssen. Hat Billy Wilder in *The Spirit of St. Louis* (1957; Lindbergh – Mein Flug über den Ozean) seinem Hauptdarsteller James Steward noch eine Fliege mit ins Cockpit gesetzt, dass er jemanden zum

Reden hat, so erfüllt natürlich der Volleyball „Wilson" in *Cast Away* diesen Zweck.

Hier ein Ausschnitt aus einem „Gespräch", das „Chuck Noland" Tom Hanks mit Wilson, dem Volleyball, führt:

CHUCK NOLAND

Wie war das?

Die Zeit entscheidet, ob wir überleben oder sterben.

Und läuft sie uns davon, dann ist das eine Sünde.

Der Abschied von Wilson, dem Volleyball mit Gesicht, denn Hanks verewigt schließlich seine blutende Hand auf seiner Oberfläche und malt so eine Art Gesicht drauf, ist dann dementsprechend auch einer der Höhepunkte des Films. Diese Abschiedsszene, in der der Ball, nach all dem, was die beiden sozusagen miteinander durchgemacht haben, einfach vom Floß fällt und langsam im Meer davontreibt, was Chuck Noland zum Schreien und in der Folge zum Weinen bringt, ist ungemein *traurig* und *berührend*. Sie ist auch rein psychologisch sehr überzeugend und außerdem natürlich von Tom Hanks grandios gespielt.

Überhaupt ist *Cast Away* natürlich eine *One-Actor-Show*, in der *As Good as It Gets* (1997; Besser geht's nicht; Regie: James L. Brooks)-Star Helen Hunt und Chris Noth, der legendäre „Mr. Big" aus der TV-Serie *Sex and the City* (1998-2004), der am Ende dann den nunmehrigen Ehemann von „Kelly Frears" Helen Hunt spielt, nur ein klein wenig mehr als Statisten sind. Die erwartete *Robinsonaden*-bedingte *unfreiwillige Komik* bleibt, wenn man die deutsche Synchronisation innerhalb der ersten zwanzig Minuten mal beiseitelässt :-), aber so gut wie aus, was man sicherlich Zemeckis' disziplinierter Inszenierung zu verdanken hat.

Und dennoch: *Ein* großes Problem, das ich zu Beginn angesprochen habe, bleibt für mich im Zusammenhang mit *Cast Away* stets aufrecht. Ich persönlich mag die Figur des Chuck Noland weder *vor* noch *nach* der Insel besonders (grundsätzlich wäre die *Schlussszene*, in der Noland mit seinem Wagen vor der Wahl steht, in welche Himmelsrichtung er fahren soll, welche Straße er nehmen soll, ja wunderbar, denn wir alle haben, glaube ich, schon solche Momente erlebt, in denen wir eine Richtungs-Entscheidung, die unser weiteres Leben betrifft, haben treffen müssen, aber dieser Chuck Noland ist irgendwie ein sperriger Typ

:-)). Nur *auf* der Insel und in den Szenen mit „Wilson" ist er eine Figur, die man mag und mit der man mitfiebert.

Unterm Strich muss man aber, angesichts der phänomenalen *körperlichen* Leistung, die Tom Hanks in Zusammenhang mit *Cast Away* erbringen musste, sagen, dass die Aufschrift auf meiner DVD-Ausgabe des Films völlig recht hat, die meint, Tom Hanks überzeuge darin „*mit einer der überragendsten schauspielerischen Leistungen aller Zeiten*".

(Juni 2018)